中公新書 2715

ー・C・ブリントン著
池村千秋訳

縛られる日本人

人口減少をもたらす「規範」を打ち破れるか

中央公論新社刊

縛られる日本人◉目次

序章　日本の驚くべき現実

日本は治安がいいし、住宅街は閑静で、道路は清潔。人々は親切で礼儀正しい。鉄道やバスも時間どおりに運行し、もし遅れることがあれば車掌や運転手が丁寧におわびの言葉を述べる。多くの住宅地では、日曜でも郵便ポストの郵便物が回収される。宅配便も利用しやすく、配達も早い。外国に行くとき、重たいスーツケースを引きずって空港まで行かなくても、近所のコンビニから宅配便で空港まで送れる国なんて、ほかにあるだろうか。日本はとても便利で秩序立っていて、暮らしやすい国と言っていい。

しかし、平穏で秩序立った社会も、一皮めくると大きな問題がいくつか潜んでいる。日本社会が繁栄し続けるためには、それらの問題に正面から取り組まなくてはならない。本書では、そうした問題のいくつかを取り上げ、問題を解決するために、ひとりひとりの日本人が、カップルが、企業や政府がどのような行動を取るべきかを論じたい。

いま日本が直面している最大の問題、それは単純だが、とても恐ろしい問題だ。日本が消滅に向かっているのである。いくらなんでも大げさだと思うかもしれない。しかし、残念ながら、これは誇張ではない。日本では二〇〇七年以降、一貫して死亡数が出生数を上回り、人口が減り続けている。二〇一六年以降、厚生労働省は毎年、前年の出生数が統計開始以来最も少なかったと発表しており、二〇一三年以降は大人用紙おむつの売り上げが子ども用紙おむつの売り上げを上回っている。

新しく生まれてくる子どもの数が減り、しかも平均寿命が目を見張るほど上昇しているため、日本では人口が減少しているだけでなく、社会の高齢化が驚異的なペースで進んでいる。そのペースは世界のどの国よりも速い。というより、人類の歴史上、いまの日本ほど急速に高齢化が進行した社会はなかった。

高齢化の進行は、すでに日本の国家財政にきわめて大きな負担を強いはじめている。公的債務の対GDP（国内総生産）比で見ると、日本ほど大きな債務を抱えている国はほかにない。二〇一〇年以降は、現役世代人口に対する高齢者人口の割合（「老年従属人口指数」と呼ばれる）が世界で最も高くなっている。これは、ベビーブーム世代が高齢になりはじめたことに加えて、一九七〇年代後半以降、出生率が低迷し続けていることが原因だ。たとえ人々が平均して七〇歳を超すまで働き続けるとしても、現役世代人口に対する高齢者人口の割合が世界の国々のなかで飛び抜けて高いという事実は変わらない。

高齢者に比べて現役世代の人口が少ないことは、年金の原資を負担し、経済成長とイノベーションに貢献できる働き手の数が少ないことを意味する。人口が減少し、しかも高齢者人口に対する現役世代人口の割合が減っている結果、日本の財政状況はますます深刻になっている。日本政府は、今後なんらかの形でこの問題に対処しなくてはならない。日本経済の生産性がG7（主要七ヵ国）のなかで最も低いことを考えると、この点はきわめて重要だ。

しかし、こんな疑問をいだく人もいるかもしれない。出生率が低下しているのは、二〇～四〇代の日本人のなかに、結婚したり、子どもを育てたりすることをそもそも望まない人が多いからなのではないか。もしそうであれば、長期間の育児休業を取得できるようにしたり、保育サービスを公費で補助したりするなどの政策を導入しても、少子化問題は解決しない。しかし、さまざまな調査によると、日本の若い世代の多くは、結婚して子どもをもちたいと思っている。では、それにもかかわらず、子どもの数が減り続けているのはなぜなのか。

結婚と出産が減っている

四〇年前の日本では、ほぼ誰もが結婚して、子どもをもっていた。しかし、今日では、若い世代のかなりの割合が一人暮らしを続けたり、実家で親に養われて生活したりするようになっている。二〇一五年には、三五～三九歳の男性のうち未婚の人の割合が三五％に達した。この割合は、一九七〇年には五％に満たなかった。女性の場合、男性ほど劇的な変化は起きていないが、それでも二〇一五年の時点で三五～三九歳の女性のうち未婚の人の割合は二五％近くに上っている。

もし日本の若い世代がこうした生き方を本当に望んでいるのであれば、政府は人々の望みに応えて社会政策を転換させるべきだろう。しかし、国立社会保障・人口問題研究所による二〇一五年の出生動向基本調査によれば、一八～三四歳の未婚者（男女）の九〇％近くは、いずれ結婚するつもりだと述べている。そして、この人たちは結婚することの最大の利点として「自分の子どもや家族をもてる」ことを挙げている。どうして、このような願望どおりの状況が生まれていないのか。

人口学者の小川直宏《おがわなおひろ》によれば、一九五〇年代前半～一九七〇年代前半に日本の出生率が低下した最大の理由は、三、四人の子どもをもうける夫婦が減ったことにあった（Ogawa 2003）。しかし、一九九〇年代末になると、出生率が低迷している要因として、晩婚化と非婚化が際立って大きな比重を占めるようになったという。この状況は今日まで変わっていない。日本では婚外子の割合が非常に低い（三％未満）ため、晩婚化と非婚化が出生率に及ぼす影響はきわめて大きい。一方、少子化のもうひとつの大きな要因として、子どもを一人しかもたない夫婦が増えていることも見過ごせない。日本の若い世代の多くが子どもを二人ももちたいと述べているにもかかわらず、以前は「標準的」だった子ども二人という形態の家族が減ったのは、なぜなのか。

大阪で暮らす三五歳の既婚女性であるナツキはこう述べている。「子どもを欲しいと思っている若い人たちがその権利を奪われていると、すごく感じます」。「権利を奪われている」とはずいぶん過激な言葉だ。そこで、私たちはその真意を尋ねた。「どういうことですか。権利を奪われているとは？」。

すると、ナツキはこう答えた。「自分の意思で子どもを産まないなら、別に構わないと思います。でも、子どもが欲しいのに経済的状況が許さないとか、仕事のことを考えると晩婚にならざるをえないというのは……。社会環境が整っていて、パート労働者であろうと正規であろうと、普通に子どもを産める社会であれば、みんな産んでいると思います。でも、そうはなっていない。選択肢がないのです。子どもを産まないのは、本人の責任、女の人の責任のように言われます。でも、実際には、産める環境、産める選択肢が提示されていないのです」。そう言うと、ナツキはため息をついた。「それは残念なことだと思います」。

日本社会は「労働ファースト、人間セカンド」？

ナツキの言葉は、日本の若い世代が子どもをもちにくい原因になっている社会の問題と人々の生き方の問題を浮き彫りにしている。もっと厳しい言葉で同様の苛立ちを表現している人たちもいる。東京で二人の子どもを育てている三七歳のアリサは、「日本は、人間ファーストではなく、労働ファーストです」と言い切った。「核家族が誰の助けも借りずに子どもを二人育てるなんて、ほとんど不可能です。社会が子育ての責任を担うべきです」。

これは実におかしな話に思える。日本社会は、「家族を大切にする社会」だったはずではないのか。日本の若い世代の大多数は、結婚して子どもを育てたいと思っている。日本政府もこの三〇年ほど、出生率を引き上げ、仕事と家庭を両立しやすくするための政策をいくつも打ち出してきた。どうして、そのような政策は実を結んでいないのか。子どもが欲しいと言っているにもかかわらず、実際には結婚や出産を選択しない人の割合がきわめて高いのは、どうしてなのか。子どもを二人欲しいと言っているのに、一人しか子どもをもうけないカップルが増えているのは、どうしてなのか。日本は「家族にやさしくない社会」に変質してしまったのか。

皮肉なことに、日本よりも「個人主義的」とみなされている北欧諸国やアメリカのほうが、はるかに出生率が高い。とくに、アメリカの状況は検討に値する。アメリカでは、有給の育児休業制度や質の高い公的保育サービスなどの政府の政策がなくても、日本よりも高い出生率を維持できているからだ。

私が思うに、日本が直面している問題の根底には、二〇世紀後半の高度経済成長期に確立された制度や社会規範の多くが人々のニーズに適合しなくなったという事情がある。「普通」の家族、「普通」の働き方、「普通」の男女の役割とはどのようなものかという点に関して、既存のモデルに従うことができない、もしくは従いたくない人たちは、日々の生活でさまざまな苦労を強いられる。そのような人が増えているのに、そうした人たちのニーズが満たされていないのである。

私の友人である日本人男性は、私にこう語った。「制度や政策が原因で人々が望みどおりの生き方を選べないとすれば、それは由々しき問題だと思う。理想は、誰もがそれぞれの望むような人生を送れる社会を築くこと。キャリアを追求することに力を入れたい人がいてもいいし、家庭で過ごす時間を増やしたい人がいてもいい。その点、ある特定の生き方をモデルとして位置づけると、それ以外の生き方をしたい人たちが不利に扱われて、その状況から抜け出せなくなる」。

このとき一緒にいた別の日本人の友人はこう述べた。「日本では、社会の主流に合わせた行動を取らなくてはならないというプレッシャーが強い。どうして、もっと多様な生き方を受け入れることができないのか」。

希望のメッセージ

日本の出生率が一向に上がらず、結婚する人の割合が低く、多くの日本人が職業生活と家庭生活で満足感を味わえずに漠然とした不安をいだいている状況は、男女の役割に関する硬直的な社会規範が原因だと、私は考えている。仕事の構造や文化を通じて強化されてきた社会規範が原因で、日本の若い世代は、充実した職業生活と家庭生活を築くうえで手足を縛られており、男性も女性も社会と経済に存分に貢献できずにいる。この点が本書で最も訴えたいメッセージだ。こうした状況を変えるためには、日本の企業と政府、そして個々人とカップルの努力が必要とされる。

本書で紹介するように、人々が安心して結婚し、二人以上の子どもをもてるようにするためにどのような政策が有効かについて、日本の若者たちは鋭いアイデアをもっている。制度に好ましい変化が起きて、有効な社会政策が採用されれば、多くの人たちが望むような変化が後押しされるだろう。そうすれば、日本社会は今後も繁栄し続けることができる。この本では、そうした前向きなメッセージ、希望のメッセージを伝えたい。

そのような希望のメッセージを、そして社会のあり方を変えることの重要性を強調するために、本書では、定量データで日本とほかの国を比較し、あわせて日本の若い世代の言葉を——自分たちの夢や希望について、日々の生活のなかでおこなっている選択について語った生の声を——紹介する。

私たちの研究チームが日本の若い世代を対象におこなった多くのインタビュー調査により、二つの重要な発見が得られた。ひとつは、職業生活と家庭生活の不満な点について「仕方がない」と諦めの言葉を口にする人が多い半面、実は人々の態度が大きく変わり、変化に前向きになりつつあるということ。そして、もうひとつは、仕事と家庭を両立しやすい社会を築くための前向きなアイデアや提案をもっている人が大勢いるということだ。企業や政府のリーダーたちが人々の声に注意深く耳を傾け、人々の日々の生活に好ましい影響を及ぼすための政策を導入しようと努めれば、人々がもっているアイデアを生かして社会の姿を大きく変えられるかもしれない。

本書の構成を説明する前に、人生に対する満足度と、家庭生活および子育てとの関係について簡単に論じたい。なぜ、この点に着目するのか。ほかのポスト工業社会（注）に比べて、日本の人たちは人生への満足度が低い。そして、国際的な研究により、人生への満足度が高い人ほど、子どもをもうける確率が高いという強力な実証データが得られている。この点は、日本の政策立案者にとって重要な意味をもつ。日本政府は、どのように社会を変革すれば、二〇～四〇代の人たちの人生への満足度を高められるのかと考えたほうがよさそうだ。

＊注：ポスト工業社会とは、工業化段階を経て、情報、金融、サービスなどの第三次産業の比重が高まった社会のこと。ほぼすべてのヨーロッパ諸国、日本、アメリカ、カナダ、オーストラリア、ニュージーランドなどが含まれる。本書ではポスト工業社会の国々を主な対象として論じる。

人生への満足度と子育て

日本を含む三八カ国が加盟するＯＥＣＤ（経済協力開発機構）は、加盟国ごとに、人々の人生への満足度に関する調査結果を発表している。加盟国の大半は、ポスト工業社会の先進国だ。この調査では、回答者に人生の満足度を0～10点の一一段階で採点させている。0が最低で、10が最高だ（ここで言う人生の満足度とは、個々の時点でどのように感じているかではなく、人生への全般的な満足度のことである）。

図0-1と図0-2は、二〇一七年の男性と女性の調査結果をまとめたものである。いずれの図でも、一部の国を濃く目立つように変えてある。これらは出生率が著しく低い国、つま

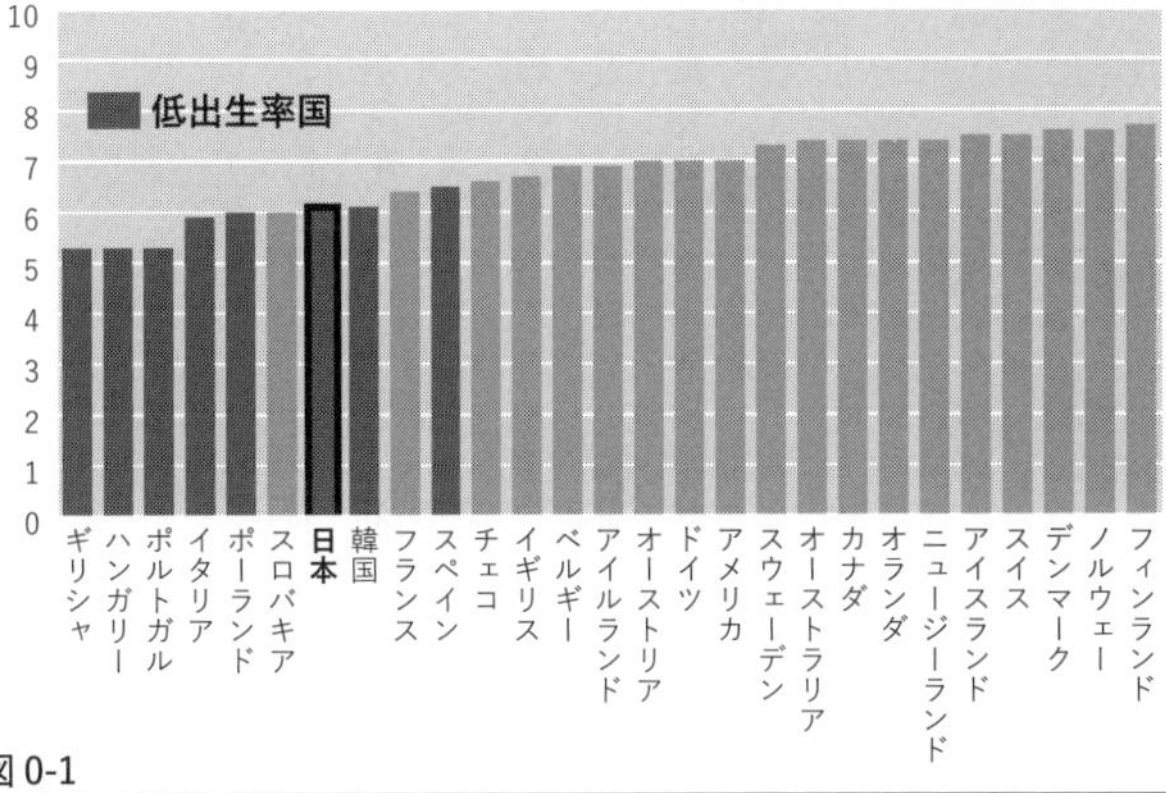

図 0-1

女性の人生への満足度（主な OECD 加盟国）

出典：Better Life Index. 2017 edition. OECD Social and Welfare Statistics. Retrieved from https://doi.org/10.1787/678d7570-en

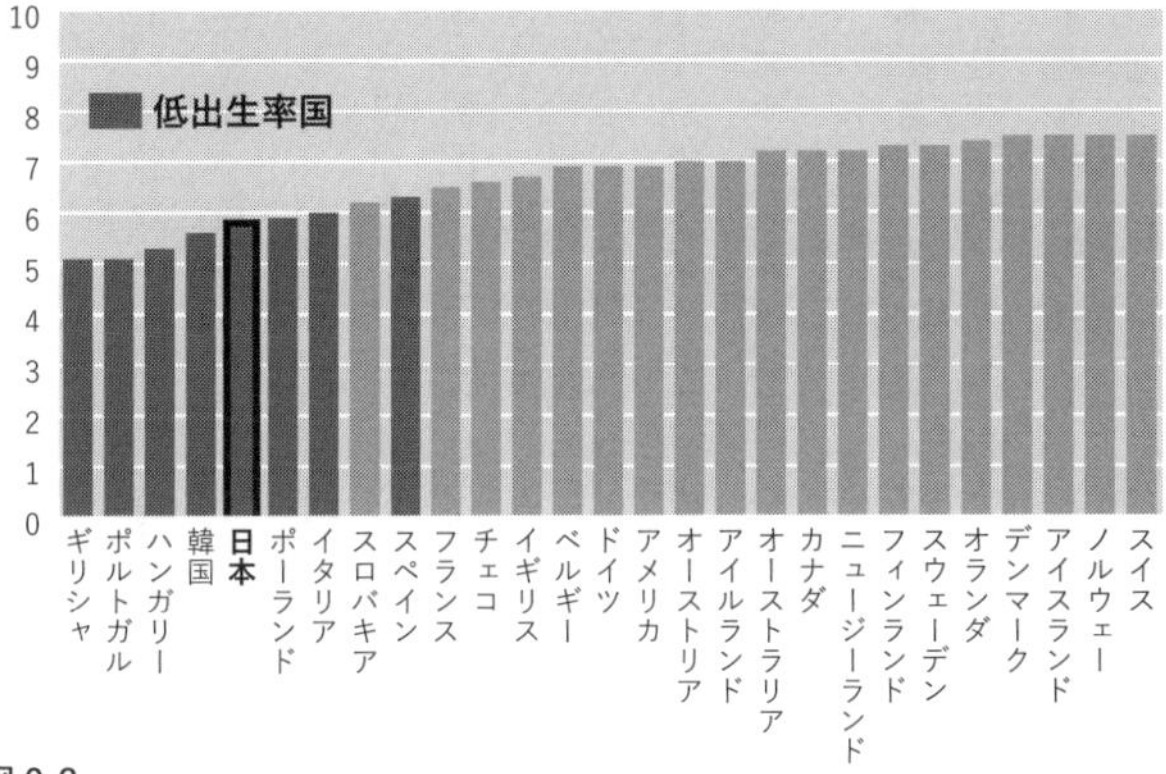

図 0-2

男性の人生に対する満足度（主な OECD 加盟国）

出典：Better Life Index. 2017 edition. OECD Social and Welfare Statistics. Retrieved from https://doi.org/10.1787/678d7570-en

り低出生率国だ（人口学では、一人の女性が生涯に産む子どもの数が一・五人以下の国をそう定義している）。日本もそのなかに含まれる。

図０-１と図０-２からなにがわかるのか。まず、日本人の人生への満足度は、男女ともにポスト工業社会の平均を下回っている。さらに注意深く見ると、日本では女性の満足度が男性より若干高い。そのような国は非常に稀《まれ》だ。これは、日本の女性が幸せな人生を送っているからなのだろうか。図０-１を見る限り、そうとは言えない。ほかの国の女性たちは、人生への満足度がもっと高いからだ。むしろ、日本の男性の人生への満足度が著しく低いと考えるべきだろう。

人々が人生の満足度をどのように語るかは文化によって異なり、日本人はほかの国の人たちに比べて、自分が幸せだとあまり言わないだけなのではないか――このように片づけてしまうこともできるかもしれない。実際、この解釈にも真理が含まれている可能性はある。しかし、ここでは、それとは別の視点を示したい。

この二つの図を見れば明らかなように、出生率が著しく低い国では概して、人々が感じている幸福度が低い。この傾向は男女両方に共通しているが、とくに男性で際立っている。どうしてそのような関係が見られるのか。社会に子どもが大勢いると、人々が幸福になるのか。それとも、人々の人生への満足度が高いと、その国の人がたくさん子どもをもうけるのか。

もつものだ。

二つの図を見ているだけでは、どちらの解釈が正しいのかは見えてこない。幸い、人口学者たちがこの点について研究をおこなっている。その研究結果は、日本にとって大きな意味をもつものだ。

イタリアの人口学者レティツィア・メンカリーニと四人の共同研究者たちは、オーストラリア、ドイツ、ロシア、韓国、スイス、イギリス、アメリカで、再生産年齢（この研究では二〇～五〇歳と定義）の男女に関する時系列データを検討した（Mencarini et al. 2018）。ある時点で本人が述べている人生への満足度と、その後に子どもをもうけるかどうかの間に、関連があるかを明らかにしたいと考えたのだ。すると、七カ国すべてで、男女両方にそのような関連が見て取れた。また、その関連性は第一子よりも第二子で強く見られた。

メンカリーニらはこう結論づけている。「子どもを産み育てることが義務のようにみなされておらず、大きな経済的コストが伴い、キャリアの追求など、ほかの人生目標との間に深刻なトレードオフの関係があると考えられている国々［筆者注／要するに、ポスト工業社会の国々、とくに低出生率国］においても、子どもを育てることが『流行しなく』なったわけではない。大半の大人にとって、子育てはいまでも人生の重要な一部を成している。しかし、人生に満足している人しか子どもをもたなくなっているのである」（2018: 16）。

そしてメンカリーニらは、仕事と家庭の両立を支援するための制度や政策が充実している国では人々の幸福感が高まり、その結果として子どもの数も増えると考えている。この考え方の前提には、人は自分の願望が満たされていると感じるとき、人生の満足度が高まるという認識がある。

本書の構成と使用データ

以上の点は、日本社会にとってなにを意味するのか。本書では、多くの若い世代の男女が望む生き方と、社会規範および制度の間の齟齬《そご》に光を当てる。第1章と第2章では、日本の社会に関する「神話」をテーマにする。日本が家族を大切にする社会だという神話（第1章）と、日本では男性が育児休業を取得することはできないという神話（第2章）である。第3章と第4章は、日本の男性と女性が仕事と家庭で担う役割について問題提起をしたい。第5章では、日本とアメリカおよびスウェーデンの比較をおこなう。第6章では締めくくりとして、いくつかの政策提言をしたい。人々の選択肢を広げ、人々が願望を成就させるのを助け、日本が世界のお手本になり、人々が充実した職業生活と家庭生活を送りやすい二一世紀型の社会を築くための提案だ。

本書では、主に二種類のデータを用いる。ひとつは、いわゆるマクロレベルのデータ。日本とほかの国を比較するために、この種のデータを活用する。先ほど紹介した人生の満足度と出生率の国際比較データはその一例だ。もうひとつは、私の研究チームが実施したインタビュー調査のデータ。私たちは二〇一二年に、当時二〇代半ば〜三〇代前半だった日本人男女八〇人以上を対象に掘り下げた聞き取りをおこなった。同年代のアメリカ人男女八〇人以上を対象に、まったく同じ質問項目を用いて実施したインタビュー調査の結果も参照する。スウェーデンでおこなった同様の調査の結果も随時紹介したい。

ここで簡単に、私たちがどのようにインタビュー調査をおこなったのかを説明しておこう。いずれの国でも、回答者は、独身者、既婚で子どもがいない人、既婚で子どもが一人いる人がそれぞれ三分の一ずつ。最初の調査は二〇一二年に実施し、その後、二〇一九〜二〇年に日本とアメリカの回答者の半分以上を対象に追跡調査をおこなった。追跡調査の対象も、最初の調査の際に独身だった人、既婚で子どもがいなかった人、既婚で子どもが一人いた人がそれぞれ三分の一ずつになるようにした。二度の調査の間に、回答者の人生には多くの変化があった。結婚した人もいれば、子どもが生まれた人もいたし、転職したり転勤したりした人もいた。そして言うまでもなく、回答者たちはこうした人生の出来事に付随してさまざまな感情を経験していた。

最初の調査では、若い世代がみずからの人生の選択についてどのように考えていて、その選択についてどのように感じているかが浮き彫りになった。二度目の調査では、回答者たちが三〇代後半～四〇代前半になるまでの間に、人生がどのように変わったかが見えてきた。インタビュー調査の回答者たちの特徴については、次章でその人たちの言葉を紹介する際に詳しく説明したい。

人生の選択を縛る要素

日本でのインタビュー調査でくっきり見えてきたのは、日本の男女が人生の選択をするに当たり、厳しい制約を課されているらしいという点だった。性別ごとに期待される役割に関する固定観念が強力で、社会で受け入れられる家族像がきわめて限定されており、人々がどのように職業生活と家庭生活を形づくり、どうやって両者のバランスを取るかに対して、勤務先が非常に強い影響力をもっているのだ。

一方、アメリカのインタビュー調査で回答者が語った内容によれば、アメリカでは、性別役割（男性と女性がそれぞれ職場と家庭でどのように振る舞うべきか）に関する社会規範が日本ほど硬直的でなく、どのような家族のあり方が「普通」とみなされるかの柔軟性が高い。そして、アメリカの人々は家族と過ごす時間を大切にし、仕事と家庭のバランスを取りやすくするよう勤務先に強く求めていた。

スウェーデンのインタビュー調査では、家族のあり方に関する「共働き・共育てモデル

（= dual earner-dual carer model）」が若い世代の考え方と意思決定にしっかり根づいていることがわかった。これは、男性も女性も職業生活と子育ての両方に積極的に関わることを目指すモデルである。スウェーデンの社会政策がこのようなモデルを強く後押ししていることも明らかになった。

なぜアメリカなのか、なぜいまなのか

いま読者の頭には、いくつかの問いが浮かんでいるかもしれない。主として日本社会をテーマにした本なのに、どうしてアメリカ人とスウェーデン人のインタビュー調査の結果を紹介するのか。日本社会に関して、どうしてアメリカ人研究者である私の指摘に耳を傾ける必要があるのか。新型コロナウイルス感染症の世界的流行という想定外の危機は、本書の主要なメッセージにどのような影響を及ぼすのか。

まず、最初の点。本書でアメリカとスウェーデンの人たちの言葉を紹介したのは、これらの国が日本より優れているとか、逆に日本がこれらの国よりも優れていると言いたいからではない。三つの国の若い世代が人生についてなにを語り、仕事と家庭に関して直面している問題についてどう考えているかを比較することにより、国による環境の違いがもたらす影響を明らかにしたいと考えたのだ。とくに、仕事に関する社会規範と制度、そして男女に期待

される社会的役割に関する社会規範と制度が、人生の重要な選択をしようとする個人やカップルにどのような影響を及ぼしているのかを描き出したいと思った。

よく知られているように、スウェーデンの出生率は日本よりかなり高い。その大きな要因は、スウェーデンの社会政策にあると言われる。では、アメリカはどうか。アメリカの出生率が日本より大幅に高いと聞くと、アメリカは移民が多く、移民はアメリカ生まれの人たちよりもたくさん子どもをもうけるからだろうと考える人がいる。しかし、アメリカ生まれの高学歴白人女性が生涯に産む子どもの数も、日本女性よりかなり多い。

一見すると、この点は奇妙に思える。アメリカは、ポスト工業社会のなかで唯一、中央政府の制度として有給の育児休業が保証されていない国だからだ。それに、アメリカで子育てをするためにかかるコストは、日本を含む大半のポスト工業社会よりはるかに高い。アメリカには、政府の補助による良質な保育サービスが存在しないからだ。対照的に、日本では、ポスト工業社会のなかでも指折りの進歩的な家族政策が整備されている。それなのに日本の出生率がきわめて低いのは、なぜなのか。

三つの国の若い人たちの言葉に耳を傾けることにより、これらの国々の出生率に大きな違いがある理由が見えてくると、私は考えている。日本人は、アメリカ人とスウェーデン人がどのように仕事と育児のバランスを取り、育児の責任を果たし、育児の喜びを味わっているかを知ることにより、新しい発見を得られるかもしれない。一方、アメリカの出生率もゆるやかに下落しはじめており、アメリカは日本の経験から学べることがあるかもしれない。

二つ目の点。なぜ、アメリカ人研究者が日本の切実な社会問題を論じた本を書くのか。確かに私は日本社会の部外者だが、五〇年近く日本を見つめ続けてきた。私は日本語を話し、読むことができる。そして、研究者人生を通じて、日本の家族関係、職業生活、性別役割について研究し、研究成果をアメリカやそのほかの国々の学生と読者に伝えてきた。私は日本を愛している。本書では、「知識をもった部外者」としての視点を日本の人々に提供したいと思う。それにより、読者の想像力を刺激し、新しい発想でものごとを考える背中を押すことができれば幸いだ。

三つ目の点。私が本書を執筆している間、新型コロナウイルス感染症が世界で拡大し、この危機がすべての国の未来に影響を及ぼすことが次第に明らかになってきた。家族や企業や政府が予想外の「外的ショック」にどの程度対応できるのか、あるいはできないのかがはっきり見えてきた。そしてなにより、新しい生き方、新しい人間関係のあり方を受け入れることの重要性が明確になった。

本書では、男性と女性に期待される振る舞い方、家族のあり方、職場での働き方についての社会規範が柔軟になれば、人々が結婚して子どもを育てやすくなり、男女ともに自分の能力を存分に発揮しやすくなると論じたい。将来、新型コロナウイルスのパンデミックのような危機が再び持ち上がったとき、日本の社会が——そして私の国であるアメリカの社会が——もっとうまく対処するために、本書のメッセージが役に立つことを願っている。

第1章　日本が「家族を大切にする社会」だという神話

若者の希望と現実はなぜ異なるのか

「家庭内が崩壊していると、身近なママ友たちが言っています」――。三七歳の主婦で母親のアリサは、日本の家庭生活と職業生活についての会話をこう切り出した。そして、こう述べた。「日本は、人間ファーストではなく、労働ファーストです」。

この言葉は、日本が家族を大切にする社会だという一般的なイメージに反するように思える。しかし、日本で家庭と仕事を両立させるのは難しいと、日本人の夫と一緒にアメリカで子どもを育てている小児科医のクミコも言う。「日本を離れたのは一二年前のことでした。

日本では、幸せなキャリアを築くことも、幸せな家庭生活を送ることもイメージできなかったからです。いまは子どもがいるので、仕事と家庭のバランスを取れるかどうかはなおさら切実な問題です。正直言って、いまアメリカで送っているような生活が日本で可能だとはとうてい思えません」。要するに、クミコに言わせれば、アメリカのほうが日本よりも家族にやさしい社会だというのだ。

アメリカの中流家庭ではたいてい、父親も含めて家族全員が夜六時までに帰宅し、みんなで一緒に夕食を取るのが当たり前だと、クミコは言う。「例外はあるけれど、アメリカでは、どのような職に就いていても六時頃までに帰ってくるのが当然という感じです」。

アメリカは、本当に日本よりも家族にやさしい社会なのか。少なくとも、アメリカの若い世代が子どもを二人以上もうける割合は、日本の若い世代より高い。二〇二〇年のデータによると、アメリカの女性が生涯に産む子どもの数は一・七一人で、日本の一・三四人（二〇二一年は一・三〇人）を大きく上回っている。アメリカで生まれた白人女性に限っても、この数値は一・六一人に達している。最近の人口統計によれば、アメリカでもほかのポスト工業社会と同じように、女性が生涯に産む子どもの数は今後も二人を下回り続ける見通しだ。これでは、社会の人口を維持することはできない。しかし、日本の出生率は、ほかの東アジア諸国、南欧諸国（ギリシャ、イタリア、ポルトガル、スペイン）とともに、アメリカ、カナダ、北欧諸国、多くの西欧のポスト工業社会と比べても著しく低い。

日本の若い世代は、子どもをもつことへの意欲が乏しいのだろうか。そんなことはない。日本とアメリカでおこなわれた意識調査によると、いずれの国でも過半数の人たちは、できれば子どもを二人欲しいと考えている。これはポスト工業社会全般で見られる傾向だ。ある研究によると、イタリアやポルトガルなど、日本と同じくらい出生率が著しく低い国でも、再生産年齢（この研究では一五〜四九歳と定義）の女性の六割以上は子どもを二人欲しいと思っているという（Sobotka and Beaujouan 2014）。

日本の若い世代が言っていることと、実際に起きていることの間に大きなズレがあることをどのように考えるべきなのか。日本の家族を取り巻く環境や、仕事と家庭を両立することの難しさについて、アリサとクミコが口にした辛辣《しんらつ》な言葉をどう考えればよいのか。実は、アメリカのほうが日本よりも家族にやさしい社会なのだろうか。この最後の問いに関しては、そうだと言って差し支えないと思う。その理由を論じる前に、本書で用いる主要なデータのひとつを紹介したい。それは、私たちが日本とアメリカで実施した合計二〇〇件以上の掘り下げたインタビュー調査である。

私たちがおこなったインタビュー調査

若い世代が家族、仕事、人生の優先事項について考えていることを知るために、私たちはいくつかの国でインタビュー調査を実施した。まず二〇一二年に最初の調査をおこない、一部の人たちには二〇一九〜二〇年に再び話を聞いた。話を聞いたのは、日本（関東地方と関西地方）、アメリカ（東海岸）、スウェーデン、スペイン、韓国の大都市で暮らす二〇代半ば〜三〇代前半（二〇一二年時点）の男性と女性。調査対象はすべてその国で生まれた人とした。本書では、主に日本とアメリカの調査結果を紹介し、ときおりスウェーデンの調査結果にも言及する。

私たちはすべての国で同じ質問を投げかけ、家族、仕事、男女の社会的役割に関する考え方などを尋ね、そのように考える理由も質問した。典型的な平日と週末の過ごし方、日々の職業生活と家庭生活についても語ってもらった。それを通して、夫婦の関係や職場の上司と部下の関係、同僚同士の関係について生の声を聞くことができた。回答者は、保育園探しの難しさ、親や義理の親との関わり方、転職するかしないかの決断など、二〇代半ば〜三〇代に経験する重要な問題についての悩みも語ってくれた。

こうした聞き取りの結果は、それぞれの国の若い世代がなにを望み、なにを考え、どんな行動を取っているかを知るうえできわめて価値のあるデータと言える。この調査からは、若い世代がどんな人生を送っているかだけでなく、自分たちの状況をどう感じているかも見えてくる。この点が典型的なアンケート調査との大きな違いだ。私たちのインタビュー調査の回答者たちは、みずからの人生での経験と、人生で直面している選択についてどう感じているかをじっくり考えることになるのだ。

私たちは、二〇一二年の時点で独身の人、結婚していて子どもがいない人、結婚していて子どもが一人いる人を同人数ずつ調査対象に選んだ。それにより、人々がどのように人生の段階を移行するのかを知りたいと考えたのだ。本書では主として、結婚していて子どもがいない人と、結婚していて子どもがいる人の言葉を紹介する。本書の中心的なテーマは、キャリアを築きつつ子どもを育てたいと考える若いカップルの状況を明らかにすることだからだ。なお、匿名性を守るために、すべての回答者の氏名は仮名に変えてある。

回答者の選定に関して少し説明しておきたい。アメリカは民族的多様性の大きい国だが、私たちの調査では白人の人たちに話を聞くことにした。さまざまな民族の家庭生活と職業生活を比較できれば確かに素晴らしいが、それは本書のテーマとしては野心的すぎる。また、国際比較をおこなうためには、それぞれの国で似たような人たちに話を聞かなくてはならない。そのため、回答者を選ぶ際に難しい選択が必要になった。

最終的に、いずれの国でも、高校卒業後にさらに高いレベルの教育を受けていて、その国で生まれて都市部で暮らしている人を対象にした。都市部で働く人の職業生活は、概して地方よりも多忙でストレスが大きく、仕事と家庭の両立がひときわ難しい。私たちは、日本の若い世代が仕事と家庭をどのように両立させているかについて、ほかのポスト工業社会との違いを知りたいと考えた。

このような教育レベルの人たちを対象にした理由は二つある。ひとつは、いずれの国でもこの世代の半分以上が高校卒より高い学歴をもっていて、その割合は今後もますます高まると予想できることだ。二〇一九年の時点で、アメリカの二四〜三五歳の七割近くが高校卒業後にさらに高いレベルの教育を受けている。具体的には、約五〇％が二年制もしくは四年制の大学を卒業しており、一七％が大学を中退している。日本でも、二〇一九年のデータによれば、二四〜三五歳の六割以上が専門学校、短期大学、大学を卒業している。

調査対象を高校卒より高い学歴をもつ人に限定したもうひとつの理由は、この層が比較的仕事と家庭を両立させやすい状況にあることだ。この層は、教育レベルがもっと低い層と比べて、子どもに教育を受けさせるための経済力があり、育児休業などの制度が充実した職場で働いている可能性が高い（ただし、日本では、大企業の正社員に比べた場合、それ以外の人たちは育児休業の制度を利用できない場合が多い）。つまり、インタビュー調査の回答者たちは、ワーク・ライフ・バランスをある程度実現し、子どもを二人もてる可能性がそれなりにある人たちとみなせる。

回答者はすべて大都市圏の住人だが、出身地は地方や小都市の場合も多い。日本の回答者の半分以上、そしてアメリカの回答者の四分の三は、地方や小都市から大都市圏に移り住んだ人たちだ。一方、スウェーデンの場合、そうした人の割合はもっと低い。日本の回答者の出身地はさまざまだ。東京や大阪およびその近郊だけでなく、新潟県や愛知県、群馬県、佐賀県、福岡県などの出身者もいる。アメリカ人の回答者は東海岸のニューヨークとボストンに在住している人たちなので、北東部（コネティカット州、メイン州、マサチューセッツ州、ニューヨーク州など）の出身者が多いが、西部（カリフォルニア州やオレゴン州など）、中西部（イリノイ州、アイオワ州、オハイオ州、ウィスコンシン州など）や、南部（フロリダ州、ケンタッキー州、オクラホマ州、バージニア州など）の出身者もいる。

職種は、事務員やコーヒーショップの店長、看護師や教師、営業部員、コンサルタントや弁護士など多岐にわたっている。職場の規模もまちまちだ。社員が三人しかいない零細企業に勤めている人もいれば、社員数一〇〇〇人を超す大企業で働いている人もいる。

私たちが話を聞いた人たちは、高校卒より高い学歴をもつ若い日本人やアメリカ人から無作為抽出したサンプルとは言えない。しかし、国レベルの統計データと照らし合わせると、私たちの回答者は、それぞれの国でこのような学歴をもつ同世代の人たちの典型とみなしてよさそうだ。以下では、この回答者たちの教育レベルに言及する際は、高校卒より高い学歴の人すべてを含むという点でかなりおおざっぱな定義ではあるが、単に「教育レベルが高い」という言葉を用いることにする。

本章では、二〇一二年に実施した最初のインタビュー調査で、家族の定義と、未就学年齢の幼い子どもにとって最適と考える環境について、日本とアメリカとスウェーデンの人たちが語った言葉を紹介する。それを土台に、三つの国の制度的・文化的環境が性別役割に関する社会規範に及ぼしている影響、そして出生率との関係を掘り下げて検討する。日本人の回答者の一部には次章以降で再び登場してもらい、職業生活と家庭生活について語った言葉をさらに詳しく見ていく。

家族にやさしい社会

一連のインタビュー調査を通じて、私は日本よりもアメリカのほうがさまざまな面で家族にやさしい社会だと思うようになった。しかし、若い世代が結婚して子どもを二人育てたいと思っている点では、日本とアメリカの間に違いはない。若い世代がどうして一人っ子を望まないのかという点や、自分の人生で子どもがもつ意味をどう考えるのかといった点も、両国であまり違わない。

一方、家族の定義については大きな違いが見られた。ひとことで言うと、日本の若い世代はアメリカの若い世代よりも、家族の定義を狭くとらえている。男性と女性のあるべき姿、とりわけ理想の男性像についての考え方にも、同様の傾向が見られた。日本とアメリカでは、若い世代の結婚と子どもに関する考え方は似ているが、家族と性別役割（とくに男性の役割）に関する社会規範には大きな違いがあると言えそうだ。

日本には、家族のあり方と、男性と女性のあるべき姿に関して強力な社会規範が存在するため、責任感をもって行動しつつも伝統に反する生き方を選んだ人たちは、自分が社会で受け入れられていないと感じてしまう。たとえば、カップルが結婚せずに子どもをもうけたり、男性がフルタイムの職に就いていなかったり、カップルが（少なくとも、自分たちと生物学的なつながりのある子どもをもっていないカップルが）最初の子どもとして養子を迎えたりした場合、そのような選択が社会的に受け入れられていないと感じる可能性が高い。

日本の若い世代がしばしば結婚せず、子どもをもうけようとしない背景には、このような硬直的な社会規範があると、私は考えている。家族のあり方に関して社会で「まっとう」とみなされる生き方ができなかったり、そのような生き方をしたくなかったりする人もいるからだ。男性たちが置かれている状況はとくに厳しい。日本の男性は、妻や子どもを養うために「よい職」に就かなくてはならないという厳しい要求を課されている。私の二〇〇八年の著書『失われた場を探して——ロストジェネレーションの社会学』(NTT出版)でも指摘したように、二一世紀の日本では、若い男性、とりわけ大学を卒業していない男性が「よい職」に就き、家庭を築くことがますます難しくなっている。

これは、結婚して子どもを育てたい人たちにとって不幸というだけでなく、日本社会全体にとっても不幸なことだ。家族のあるべき姿や男女の社会的役割に関する考え方の柔軟性を高めることができれば、人々が自由を手にし、もっと潜在能力を開花させ、もっと社会に貢献できるようになるかもしれない。そうなれば、出生率にも好ましい影響が及ぶだろう。

家族をめぐる社会規範が日米でどのように違うかを検討する前に、まず両国の若い世代の家族に関する考え方が驚くほどよく似ている点を確認しておこう。

「一人っ子」をどう考える？

私たちの最初のインタビュー調査によれば、日本人もアメリカ人も、子どもに関する考え方は非常によく似ていた。まず、いずれの国でも、自分の子どもを「一人っ子」にしたくないと言う人が多かった。そのように考える理由として挙げた要因も、両国間に違いはほとんど見られなかった。

私たちが話を聞いた二〇代半ば〜三〇代前半の日本人とアメリカ人は、大半の人が少なくとも一人以上のきょうだいをもっていた。両国で多くの回答者が二人以上の子どもが欲しいと述べた理由のひとつは、わが子に自分の子ども時代と同様の経験をさせたいという点にあった。また、一人っ子だった人のなかにも、わが子にはきょうだいをもたせてやりたいと考える人が少なくなかった。

アメリカ人のコナーは、二〇一二年に話を聞いたとき三二歳で、五カ月の男の子の父親だった。「妻が二人きょうだいで、少なくともあと一人は子どもが欲しいと言っています。私も同じ意見です」と言っていた。一方、二九歳の日本人であるシノは、夫が子どもを二人欲しがっているとのことだった。「主人が一人っ子で、寂しかったと言うんです。友達がいたとしても、きょうだいはいたほうがいい、と」。

また、二人以上子どもが欲しいと考える日米の回答者たちは、一人っ子が寂しい思いをし、ことによると甘やかされてわがままに育つのではないかという心配もしていた。三〇歳のアメリカ人オリビアの考え方は、アメリカ人の回答者に典型的な発想と言える。「夫と私は、一人っ子だと少し寂しいだろうと思っています。それに、子どもが対人関係のスキルを身につけ、甘やかされないためには、きょうだいがいたほうがいいと思うんです」。三三歳の日本人であるチエも、同様のことを述べている。「子どもは、きょうだいとの関係を通じて（人との関係の）手加減を覚えていくんですよね。その点、一人っ子はそうしたことを学べないので、やりたい放題になってしまいます」。

子どもを二人欲しいと考える理由としては、男の子と女の子が欲しいという思いもあるようだ。「二人目も男の子だったら、三人目に挑戦するかもしれません。今度は女の子が生まれるかもしれないから。男の子と女の子がいればいいなと思います」と、前出のコナーは述べている。同様の考え方は、日本人にもよく見られる。国立社会保障・人口問題研究所が原則五年おきに実施している出生動向基本調査は、第八回調査（一九八二年）以降、独身者を対象に、理想と考える子どもの数と、その男児・女児の内訳を尋ねている。この調査では一貫して、理想とする子どもの数を二人と回答した独身男女の九〇％前後が男の子一人と女の子一人を望むと答えている。

未就学年齢の子どもにとって最適な家庭環境とは？

日本とアメリカの若い世代は、未就学年齢の子どもにとってどのような家庭環境が最適かという考え方もよく似ていた。いずれの国のインタビュー調査でも、まだ幼い子どもはなるべく多くの時間を少なくとも片方の親と一緒に過ごすべきだと述べた人が多かった。日本の回答者の三分の一あまりは、子どもが三歳になるまで母親が家にいるのが望ましいと考えていた。日本の若い世代の一部は、いまだにいわゆる「三歳児神話」を信じているようだ。これは、「三つ子の魂百まで」ということわざにもあるように、子どもの性格と健康は三歳までに決まるので、母親はそれまで家庭で子育てに専念すべきだという考え方である（Fujita 1989）。別の三分の一の回答者は、母親がフルタイムで働くのではなく、せめてパートタイムにとどめるべきだとか、もっと漠然と、子どもにとってどのような環境が最適かは母親が判断すべきだと考えていた。

残る三分の一の人たちは、両親ともフルタイムで働いても問題ないと述べた。ただし、ためらい混じりにそのような考えを語った人たちもいる。「（家計のことを考えると）二人ともフルタイムのほうがいいのでしょうが、子どもにとっては、どちらかの親がつねに世話をできるほうがいいのかなとは思います」と、ヒサシは述べている。

まだ幼い子どもは昼間もせめて片方の親と長時間一緒に過ごすことが重要だという発想は、日米の回答者に共通していた。しかし、どうやってその環境をつくるかについては、両国の間に違いが見られた。日本の回答者は、どのように仕事と家庭のバランスを取るかをもっぱら母親が決めるべきことと考える人が多いのに対し、アメリカの回答者は、夫婦で一緒にその決定をすべきものと考えている人が多いのだ。

興味深いことに、アメリカの回答者の半分以上は日本の回答者と同様、まだ子どもが幼い時期に両親ともフルタイムで働いて家を空けることを好ましいと思っていない。また、アメリカでも、片方の親がつねに家にいることが望ましいと考える人と、片方の親がパートタイムで働くことが望ましいと考える人の割合が同程度だった。いずれの場合も、ほとんどの人は、母親が子どもの世話をするべきだとはっきり述べていたり、暗黙にそのように考えていたりした。しかし、父親がその役割を担ってもいいと述べる人や、両親ともパートタイムで働くのが好ましいと述べる人も一部にいた。子どもが幼いときは、祖父母が子育てを手伝えれば素晴らしいと考える人も、日本と同じくらいいた。

ステファニーの考え方は、アメリカ人の回答者の典型だ。二〇一二年にはじめて話を聞いたときは三〇歳。二歳の娘を育てていて、ボストンの大規模な病院で医療ソーシャルワーカーの仕事をしていた。出産前は週四〇時間くらい働いていたが、育児休業から復帰したあとは、同じ病院で労働時間が週三〇時間の職を志望した。仕事の負担を減らして、娘と過ごす時間を増やしたいと考えたのだ。夫は研究機関の非常勤研究員として働くかたわら、二つの大学で非常勤講師をしていた。ステファニーは毎日夕方四時三〇分に保育園に娘を迎えに行き、五時一五分頃に帰宅していた。

未就学年齢の子どもにとって理想的な環境はどのようなものだと思うかと尋ねると、ステファニーはこう答えた。「理想は、昼間に子どもが起きているとき、親がそばにいることですね。両親二人ともは無理にしても、せめて片方は一緒にいてあげたい。子どもが保育園や学校に通っているとすれば、それ以外の時間は親や親戚《しんせき》の誰かがそばにいるのが理想だと思います。そして一日の終わりには、みんなで一緒に夕食を取りたい。一日に一回は、家族全員がそろう時間を設けるべきだと思います」。

ステファニーと夫は二人とも職をもっているが、昼間に娘と三人で一緒に過ごす時間を確保するために仕事のスケジュールを調整している。「日によって違いますが、夫はたいてい四時三〇分～六時くらいに帰ってきます。私が夕食をつくっている間は、夫が娘と一緒に遊びます。食事のあとは、八時頃に娘が寝るまで三人で一緒にいろいろなことをして過ごしています」。

スウェーデンの若い世代

いわゆる「スウェーデン・モデル」の子育てについては別の章で詳しく述べるが、スウェーデンの若い世代も日本とアメリカの同世代と同様、せめて片方の親ができるだけ長い時間を子どもと一緒に過ごすことが望ましいと考えている。

注目すべきなのは、それを実践する方法についての考え方が日米の回答者とまったく違うことだ。まだ子どもが小さい間は、両親ともに勤務時間が柔軟な仕事に就いたり、勤務時間を減らしたりすればいいのではないかと述べる人が多かったのだ。日本でこのような考え方を述べた人は一人もおらず、アメリカでもごくわずかだったが、スウェーデンではこの種の回答が圧倒的に多かった。スウェーデンの回答者の言葉をいくつか紹介しよう。

アリスは二七歳の既婚女性で、まだ幼い娘が一人いる。理想は、両親がいずれもパートタイムで働き、二人とも一日の一部を自宅で子どもと過ごす時間に充てることだと言う。アリスも夫も「男性稼ぎ手モデル」には否定的だ。女性が経済面で男性に依存する状況は好ましくないと考えているのだ。アリスはきっぱり言う。「私が六年間も勉強したのは、専業主婦になるためではありません」。ほかのスウェーデンの回答者たちも、同様の考え方をもっている。子どもが生まれたからといって、自分もパートナーも「人生の一部を諦める」べきではないと考えている。子育てには夫婦がともに責任をもつべきであり、その責任を果たすために仕事のスケジュールを調整すべきだと述べる人が多い。

セシリアは二九歳で、三カ月の娘がいる。夫は地元の自治体で環境調査員の仕事をしていて、週四〇時間勤務している。セシリアは非営利の環境保護団体でフルタイムの職に就いていたが、私たちが話を聞いた当時は育児休業中だった。二人の計画では、あと六カ月間セシリアが育児休業を続け、セシリアの職場復帰後は夫が六〜八カ月間の育児休業を取得する予定だとのことだった。こうすれば、娘が一歳半になるまで両親のどちらかが家で世話をできる。その後も子どもが学校に通いはじめるまでは、片方の親が交代でパートタイム勤務をするか、両親ともにパートタイムで働くのが望ましいと、セシリアは思っている。子どもの世話は両親がともに担い、その責任を二人で等しく分担すべきだと考えているのだ。「子どもには、両方の親と一緒に過ごす権利があります。そして、父親も母親も、子どもと一緒に過ごす権利がある」。

スウェーデンの調査結果でもうひとつ興味深いのは、幼い子どもに保育園や幼稚園で長時間過ごさせることへのためらいを口にする人が日本やアメリカより多かったことだ。セシリアと夫もそうだった。二人の育児休業期間が終わったあとは「一日に数時間だけ」娘を保育園に預けるつもりだと述べている。スウェーデンでは、同様の思いを語る人が多かった。

カッレもその一人だ。楽器店の店員をしている三四歳の既婚男性で、高齢者施設で看護師の助手として働く妻との間に二歳の娘がいた。妻は週三五時間勤務で、自身は週四〇時間勤務。娘が保育園で過ごす時間が長すぎると思っていて、二人の勤務時間を減らしたいと考えていた。カッレは、楽器店の仕事が終わって夕方帰宅すると、娘と一緒に遊び、寝る前の歯磨きとおむつ交換、寝かしつけも担当している。娘が寝たあとは夫婦で会話を楽しんだり、テレビを見たりして過ごし、だいたい夜の十一時頃に寝る。週末は、娘を連れて買い物に出かけたり、友達や親戚と会ったりしている。

子どもに対する考え方は三カ国でどう違うか

日本とアメリカとスウェーデンの若い世代はいずれも、子どもがまだ幼い間は、せめて片方の親が子どもと一緒にできるだけ長い時間を過ごすことが望ましいと考えていた。しかし、その理想を実現するために実践している方法には、国によって大きな違いがあった。そこから見えてくるのは、国ごとの子育て環境の違いだ。

第一に、子どもが親と一緒に過ごす時間をどうやって増やすかを母親任せにする傾向が最もはっきり見て取れたのは、日本の回答者だった。母親が仕事を辞めるか、勤務時間を減らすかを選択すべきだと考えているのだ。アメリカでも、母親が専業主婦になるか、パートタイムで働くことを前提に考えているように見える人が多かった。スウェーデンの人たちの考え方は大きく違った。日本とアメリカの回答者が「せめて片方の親が家にいるほうがいい」と言い、ほとんどの場合は母親が家で子どもの世話をすることを前提に考えていたのに対し、スウェーデンの回答者の過半数は、父親と母親のどちらが子どもの世話をするかという発想ではなく、両方が子どもと一緒に過ごすべきだと考えていたのである。

第二に、スウェーデンの回答者は、両親とも仕事をもつことを前提に考えていた（スウェーデンの回答者のなかでただ一人、妻が仕事を辞めて子育てに専念する選択肢に言及した人物は、中南米出身の女性と結婚した男性だった）。この点は、スウェーデンが国として掲げる理念と明らかに合致している。その理念とは、男性も女性も労働市場で有給の仕事をし、家庭でも積極的に役割を果たすべきだという考え方だ。いわゆる「共働き・共育てモデル」である。それと異なり、日本の若い世代には、男性が稼ぎ手になり、女性が育児を担うモデルを暗黙のうちに支持する人が多く、アメリカでも、少なくとも子どもが赤ちゃんの間は同様のモデルを好ましいと考える人が多かった。

第三に、スウェーデンの回答者は、（一時的な育児休業期間を別にすれば）母親も父親も子育てのために仕事を辞めるべきではないと考えており、夫婦それぞれの最適な労働時間はどれくらいかという点が主たる関心事になっていた。私たちが話を聞いたスウェーデンの若い世代はほぼ例外なく、自分自身と配偶者の両方の最適な労働時間について考えていた。これは、子育てを主として女性の責任と位置づけるのではなく、男女共同の責任と位置づける考え方のあらわれと言える。

第四に、スウェーデンの回答者は、勤務時間数だけでなく、具体的な勤務時間帯に言及するケースが日本人やアメリカ人よりも目立った。たとえば、午前八時～午後三時の勤務、午前九時～午後四時の勤務、もしくは週四日間フルタイムで勤務して週休三日で働く形態を理想と考える人が多い。夕方の比較的早い時間に仕事を切り上げたいと考えるのは、一日の間に子どもを保育園で過ごさせていい時間数には限度があるという発想があるのだろう。

日本の回答者のなかにも、幼い子どもを長時間保育園に預けるのは「かわいそう」だと言う人たちがいた半面、日本の多くの職場で当たり前になっている長時間勤務に対処するために、長時間子どもを預けたいと言う人たちもいた。スウェーデンでこのようなことを述べた人はいなかった。両親ともフルタイムで働く最大の理由が家計の面にあるという点は、三カ国とも共通していたが、スウェーデンの回答者はほぼ全員が、お金を稼ぐことよりも家族の時間のほうが大事だと考えていた。

そして第五に、スウェーデンの回答者は日本とアメリカの回答者よりも、勤務時間の柔軟性を望む傾向が強く、いつ職場に出勤し、いつ自宅で仕事をするかをある程度自分で決めたいと考えていた。このような希望を述べた人は、日本にはほとんどおらず、アメリカでも一部にとどまっていた（この調査は新型コロナウイルス感染症の流行前に行われた）。

私たちのインタビュー調査を通じて見えてきたスウェーデンの理想的な家族像は、両方の親が家庭生活を中心に据えて職業生活を形づくるというものだ。二人とも比較的早い時間に職場から帰宅し、家族みんなで食事を取り、子どもと数時間一緒に過ごすことが多い。アメリカの若い世代も同様の家族像を理想と考えているが、子どもが小さい間は両親の片方——実際にはほぼすべての場合が母親——が仕事を辞めて子育てを担い、子どもが大きくなってから仕事を再開するケースもある。

日本では、家族全員で夕食のテーブルを囲み、夜の時間を一緒に過ごすべきだと述べる人ははるかに少ない。多くの回答者が語った典型的な平日の風景では、母親が夕食の準備をし、母親だけが夜の時間を子どもと一緒に過ごすことが暗黙の前提になっている。日本では父親が長時間働くことが当たり前になっていて、家族みんなで夕食を取り、両親が夜に子どもと一緒に時間を過ごすという考え方は、現実離れしているように見える。あまりに現実感が乏しいために、それを理想として挙げる人が少ないのだろう。

二人目をもつことの障害と感じている要素

子どもをもつことに関する考え方は日本もアメリカもあまり変わらないし、日本にはアメリカよりもはるかに充実した両立支援政策（詳しくは後述する）がある。ところが、私たちが話を聞いた日本の若い世代は、アメリカの同世代に比べて、子どもを二人以上もつことの障害について語るケースがはるかに多い。自分自身や配偶者が「一人で十分」という結論に落ち着いたと述べる人も、日本のほうが多かった。

たとえば、アツコは「一人でいいと（夫から）最初に言われた」と言う。看護師のユカは、二人目の可能性について尋ねると、看護学校時代の先生たちの姿を見ていて感じたことを語った。「（育休が終わって）職場に復帰したときには環境が変わっていて、またゼロから始めなくてはならない。とくに二人目の場合は、再度また頑張るのがきついようです。それなら子どもは一人でいいかとなるみたいですね」。

二人以上の子どもをもつ人たちへの支援をもっと充実させるべきだと、エミコは言う。「子どもがいなくてもいいと考える人が多いみたいですね。一人いれば十分だと思っている人も多い気がします。（子育てへの）援助をもっと増やせばいいのかもしれません」。

一方、男性のリョウは子どもを二人欲しいと思っているが、お金の面で不安があるという。「本当は二人、できれば三人欲しいんですけど、経済的にちょっと厳しいので、一人になると思います」。ダイキも、昔ほどたくさん子どもをもうけない夫婦が増えた理由として経済面の要因を挙げる。「お金の面だけで考えれば、子どもも一種の投資ですよね。一人に絞り込むのか、それとももっと増やすのかというのは、戦略になってくると思います」。

できれば子どもが二人欲しいと述べた人のなかで、「なんとか二人育てられそう」といった表現を用いた人は、アメリカより日本のほうが格段に多かった。日本では、子どもをもつことに関して将来の不安を感じずにはいられないようだ。リナの場合もそうだった。二〇一二年にはじめて話を聞いたとき、リナはまだ独身で、子どもを何人産むかという決断を迫られてはいなかった。それでも、周囲の人たちを見て、こんなことを述べていた。「子どもを育てるのが大変だから、一人にしようとか、産むのは諦めようと考える人が多いのだと思います」。

妻と共働きをしているヒトシは、身近な人たちの経験を目の当たりにして、二人目を育てることの難しさを感じていた。「子どもができても、保育園の枠がいっぱいで預けられないかもしれない。そうした不安が大きくて、一人目は預けられても、二人目を預けられなかったらどうしようと思わずにいられません。そうなると、一人でいいということになってしまいます」。

日本の若い世代はアメリカの若い世代に比べて、子どもが二人欲しいという願望を実行に移すことを躊躇《ちゅうちょ》する傾向が目立つ。その背景には、日本とアメリカの社会的・文化的な違いがあるように思える。具体的には、大きくわけて三つの要因がある。それは、子育て環境全般の問題、家族のあり方に関する社会規範、そして男女に期待される社会的役割だ。

子育て環境全般の問題

私たちのインタビュー調査で、自国には子育てをしやすい環境が整っていないと述べた人の割合は、アメリカよりも日本のほうがかなり高かった。日本の若い世代は男女を問わず、「日本には良好な子育て環境がない」などと述べる人が少なくなかったのだ。内閣府による「令和2年度少子化社会に関する国際意識調査」では、日本、フランス、ドイツ、スウェー

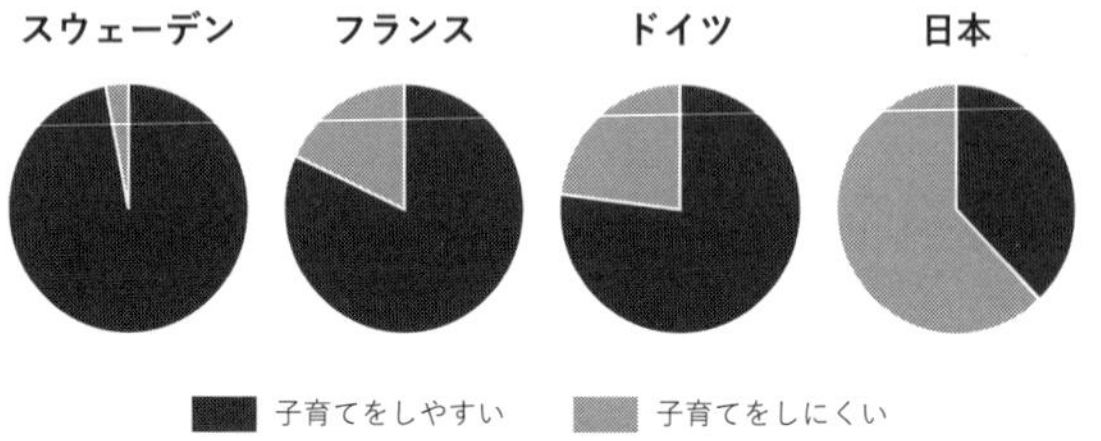

図 1-1

自国で子育てをしやすいと思う人としにくいと思う人の割合

出典：Japanese Cabinet Office. 2021. "Survey on Consciousness Regarding the Declining Birth Rate"（少子化社会に関する国際意識調査）.

デンの四ヵ国で、二〇～四九歳の男女を対象に、「子どもを産み育てやすい国と思うか」と尋ねている（アメリカは調査の対象になっていない）。図1－1はその結果をまとめたものだ。

図を見れば明らかなように、自国で子育てをしやすいと考えている人の割合が飛び抜けて高いのはスウェーデンだ（九七・一％）。そのあと、フランス（八二％）、ドイツ（七七％）と続き、日本は圧倒的最下位の三八・三％にとどまっている。

どうして、日本では、子育てをしづらいと考える人が四ヵ国のなかで最も多いのか。私たちのインタビュー調査の結果は、この内閣府の調査結果を裏づけ、さらに詳細に日本の若い世代の意識を描き出している。

二〇一二年の最初の調査では、インタビューのおしまいに、日本の出生率の低さについて尋ねた。すると、その要因として子育てをしづらい環境を挙げた人が多かった。具体的には、三つの要因がしばしば指摘された。①子育て（と結婚）が否定的な言葉で表現されがちである。②両親と子どもだけの核家族が多く、子育てを支援してくれる人が身近にいない。③女性が仕事と子育てを両立するのが難しい。この三つ目の要因については次章以降で詳しく取り上げる。ここでは、最初の二つの要因について述べたい。

子どもをもつことのメリットとデメリット

私たちが話を聞いた日本人男性のタカヒロは、子どもをもつことのメリットが十分に論じられていないと言う。「私自身は、結婚して子どもをもてば豊かな人生を送れると思っています。そのように感じさせる要素がもっと多くなれば、子どもをもつ人が増えるかもしれません」と、タカヒロは述べた。「子どもをもつ人生のモデルのようなもの、その楽しさが伝わる仕組みがあればいいと思います」。

タカユキも同じように感じている。「子どもをもてばメリットがあるような制度を設ければいいと思います。利点があると感じれば、みんな子どもをつくろうと考えると思います。現状では、子育てが大変だという点に目がいきがちです。大変だけど頑張ろうというふうに、大仕事のようなイメージがある。結婚したのに子どもをつくらないのは損だと感じるようになれば、状況は変わってくると思うんです」。実際、内閣府の国際意識調査によれば、子育てに「つらさを感じるときのほうが多い」と答えた人の割合は、スウェーデンが七・九％だったのに対し、日本は二〇・一％に達している。

メディアが子育てを難しいものとして描いていることの影響を指摘した人たちもいた。ダイスケはこう語った。「子どもができてよかったという体験談を紹介するテレビ番組がないように感じます。虐待のニュースばかりで、子どもができてよかったという話を聞かない。悪いニュースしか入ってこないから、必然的に、『子どもができる＝苦労』という印象が根づいてしまったのだと思います。子どもがいたら苦労するんだ、という印象を与える情報が多すぎる気がします」。

核家族化の進行

日本の回答者がしばしば指摘したもうひとつの要素は、家族が孤立しているという点だった。昔に比べて家族の規模が小さくなっているため、安心して子どもをもてない人が多いと、ケイスケは述べている。「核家族化が進んでいるので、産んだあとのことに不安が多いのだと思います」。

この問題には、内閣府の国際意識調査も着目している。突然の用事で子どもの世話ができないとき、誰に援助を頼むかという問いに対して、自分の親または配偶者の親を挙げた人の割合は、日本もほかの三ヵ国（フランス、ドイツ、スウェーデン）と大きく変わらなかった。しかし、自分や配偶者のきょうだいを挙げた人の割合はほかの国よりかなり低かった。また、ベビーシッターや友人や近所の人を挙げた割合も、日本は低かった（友人に頼むと答えた人は、スウェーデンでは四〇％近かったのに対し、日本では約六％にとどまっている）。

タカユキは、子育てに関する不安の原因として、近所との付き合いが乏しく、自分が地域コミュニティの一員であると感じにくいことを挙げている。「昔は、近所のおばちゃんがちょっと子どもの面倒を見てくれたり、コミュニティのようなものがあって、どうにかなっていました。最近は隣に誰が住んでいるかもわからなくて、自分が病気になったら子どもの面倒を見てくれる人がいない。そんな不安もあって、子どもをつくることが難しくなっている。だから、本当は三人欲しいけれど、二人にしておこうとか、一人にしておこうと考える人が多いのだろうと思います。ぼくも隣の人は知らないです。顔はわかるけれど、挨拶するだけで名前は知りません」。

アメリカの回答者も日本の回答者と同様に大都市圏で生活していたが、このような言葉はほとんど聞かれなかった。どうして、このような違いがあるのか。そのひとつの要因は、若い既婚のアメリカ人が「家族」を日本人より広く定義していることにあると、私は考えている。アメリカの回答者は、友人や近所の人たちから精神的・社会的に支えられているという感覚を口にする人が多く、日本の回答者のような孤独感を語る人はほとんどいなかった。

家族のあり方に関する強力な社会規範

日本には、家族のあり方に関する強力な社会規範と、男性と女性に——とりわけ男性に——期待される社会的役割に関する硬直的な固定観念が存在する。そのため、家族を築く際に個人が選べる選択肢がアメリカより少ない。いささか強い言葉で表現すれば、社会的制約のせいで人々の個人的選択が縛られている結果、二一世紀の日本で家族をめぐり息苦しい状況が生まれているのだ。日本の婚姻率と出生率の低さは、そのあらわれのように思える。

私たちのインタビュー調査で見えてきたのは、日本とアメリカで家族の定義が大きく異なるということだ。私たちは回答者に、家族とはどのようなものか、そして子どもが幸せに育つために母親と父親が必要だと思うかと尋ねた。すると、日本の人たちはほぼ例外なく、家族とは、男女のカップルと少なくとも一人の子どもで構成されるものと考えていた。

それに対し、アメリカの若い世代が考える家族の定義はもっと広い。その点は、アメリカの回答者が語った内容の多様性からも明らかだ。たとえば、幼い子どもが一人いるワーキングマザーのカレンはこう述べている。「家族とは、一緒に暮らすことを選んだ人すべてのこと。私にとって核を成す家族は、夫と息子と犬です。でも、それだけではない。友人たちの存在もとても大きい。昔ながらの意味では、友人は家族とは言えないでしょう。それでも、ここニューヨークで子どもを育て、生活していくなかでは、友人たちと一緒に祝日を祝い、困ったときにも友人たちを頼ります。その意味で、友人たちのことも家族の一部と考えています」。

犬や友人まで含めるカレンの定義はかなり広いものだが、アメリカの回答者でこの種のことを述べる人は珍しくなかった。サマンサはこう語っている。「家族の定義は人それぞれだと思います。私が思うに、家族とは最も親しい中核的な人間関係のこと。生物学的なつながりはかならずしも必要なくて、友人関係など、ほかの人間関係も含めていいと思います」。オリビアも、家族とは「深い関わりと互いへの敬意で結びついた人たちの集まり」だと述べている。

もうひとつ注目すべきなのは、アメリカの回答者の多くが日本ではほぼ誰も述べなかった選択肢に言及していることだ。それは、養子を採るという考え方である。この点も、アメリカ人が家族の定義を広くとらえていることを反映していると言えそうだ。

アメリカ人の家族観に共通する要素はなんなのか。アメリカの回答者の話でたびたび話題に上ったのは、精神面で互いに支え合うことの重要性だった。この点は、ジャスミンという女性の言葉にもよくあらわれている。「家族とは、一緒にいてくつろげて、一〇〇%自分らしくいられる人たちのことだと思います。血縁関係がある場合が多いですが、つねにそうとは限りません。思ったことをなんでも言えて、難しい局面を一緒に乗り越えられる人たち、それが家族です」。

家族の定義を広くとらえているアメリカ人は、自分と考え方の似ている人たちと巡り合い、親近感をいだき、親密な結びつきをはぐくむことが多い。私たちが話を聞いた既婚のアメリカ人たちは、そうした存在として、しばしば友人について語った。そのような友人たちは、「夫の友人」や「妻の友人」ではなく、「夫婦の友人」と位置づけられる。ひとことで言うと、アメリカの回答者たちが思い描いていた夫婦像は、二人か三人の子どもが欲しいと考えていて、人間関係のネットワークの一員として生きているカップルの姿だった。その人的ネットワークのなかには、友人夫婦や親戚、自分たちの親などが含まれる。それらの人たちの力を借りて、育児や介護をおこなうのである。

それに対し、日本の回答者は「家族」をもっと狭い定義で考えている。私たちが話を聞いた日本の若い世代は例外なく、家族とは、男女のカップルと子どもで構成されるものとみなしていた。アメリカの政治学者レオナード・ショッパは、このように家族について単一の基礎的もしくは本質的な定義が存在するという考え方を「家族本質主義」と呼んでいる

(Schoppa 2020)。

私たちのインタビュー調査に回答した日本の若い世代はたいてい、家族とは、友人や親戚や近所の人たちから比較的独立していて、ある程度経済的に自立した存在だと考えていた。ヒトシという男性も、ほかの夫婦と親しくなることを躊躇していたと語る。けれども、それではもったいないと思うようになったという。

二〇一二年に話を聞いたとき、ヒトシの妻は妊娠中だった。「両親学級に行ったとき、もったいないと感じたのは、せっかくほかの夫婦と話す機会があるのに、みんなばらばらに帰っていくことでした。どうして同じ状況の人同士で話してごはんに行ったりしないのかな、と。ぼくたちが話しかけて仲良くなった夫婦もいます。ある夫婦は、最近子どもが生まれました。こうした機会があるのに、アナウンスが足りません。隣人でなくても、身近な場所で知り合いが増えますよね。お金も別にかからない。同じ境遇の人と接点をもてる場をもっと設ければいいと思います。少し気後れしたり、面倒くさいからいいやと思ったりする人も多いので、それをもう少し魅力的な場にしていく。そうやって人を集める努力をする。それで安心感が生まれれば、二人目につながる可能性もあると思います」。

家族の時間――核家族を超えて

「家族志向」の強さに関連してもうひとつ検討すべき要素は、核家族のメンバー（つまり両親と子ども）がそれ以外の家族や親戚（祖父母、おじやおば、いとこなど）とどの程度時間を過ごしているかという点だ。私たちのインタビュー調査で、家族や親戚と過ごすことの楽しさに言及した人は、日本よりもアメリカのほうが多かった。

よく言われるように、アメリカ人、とりわけ私たちの回答者のように教育レベルの高い層は、概して日本人よりも活発に遠距離移住をおこなう。アメリカでは三〇代と四〇代で自発的に転職する人が多いことがその一因だ。高く評価されるスキルや職務経験をもっている人は、その傾向がひときわ強い。

私にとって驚きだったのは、私たちが話を聞いたアメリカ人のなかに、とくに子どもができたあとで両親の近くに移住したり、（両親がすでに仕事の一線を退いている場合は）両親を近くに呼び寄せたりしたいと考える人が多かったことだ。ほとんどの人はいい仕事に就きたいと思っているが、親のそばで暮らしたいという願望を強くいだく人も少なくないのだ。前出のコナーの言葉を再び紹介しよう。

コナーの説明によれば、彼自身も妻も家族志向が強いタイプだという。息子が生まれる前に、少なくとも月に一回は両方の祖父母に息子を会わせるようにしようと、妻に言われたとのことだ。「家族と近くにいて、家族との絆をはぐくむことの大切さをよく理解していたのです。週末には、メイン州とニューハンプシャー州に暮らす祖父母を訪ねて、長い時間を過ごしています」（この二つの州は、夫婦が暮らすボストンから自動車で三時間程度の場所にある）。どこに住むかを決める際も、家族が大きな意味をもった。コナーはカリフォルニア大学バークレー校の大学院で学んだが、夫婦はともに東海岸出身で、結婚したあとは地元に戻ることにした。その決断の一因になったのは、家族の近くで暮らしたいという思いだった。

コナーのようなアメリカの回答者たちが語った「家族志向」は、私たちが思い浮かべる伝統的な家族志向——夫が稼ぎ手の役割を担い、妻が家で子どもの世話をする——とは異なる。私たちが話を聞いたアメリカの若い世代は、一緒に時間を過ごし、精神面で支え合う集団として家族を大切にしたいと思っていた。私たちのインタビュー調査では、親のそばに住んでいる夫婦が子育てで親を頼りにする（保育園や学校への送迎、子守りなど）傾向は、アメリカだけでなく日本でも見られた。しかし、三世代で一緒に時間を過ごしたいと語る人は、アメリカのほうがはるかに多かった。

子どもには父親と母親の両方が必要？

私たちのインタビュー調査で家族のあり方に関して日本とアメリカで最も際立った違いが

見られたのは、「子どもが幸せに成長するには、父親と母親の両方のいる家庭が必要である」という考え方に対する反応だった。日本では、約七割の人がこの考え方に賛成した。しかも、二五％は「強く賛成」だと答えた。アメリカ人の反応はかなり異なるものだった。この考え方に賛成した人は二割程度。「強く賛成」と答えた人は、全体の五％に満たなかった。むしろ、「強く反対」と答えた人が三〇％に上った。日本で「強く反対」と答えた人は八％だった。いずれの国でも、男性と女性、独身者と既婚者の回答に大きな違いはなかったが、日本とアメリカでは明らかな違いがあったのだ。

日米の回答者たちは、以上のような考え方をする理由としてどのようなことを述べているのか。特筆すべきなのは、「父親と母親の両方のいる家庭」以外の家族形態に関して、両国の人々がいだいているイメージに大きな違いがあったことだ。日本の回答者が思い浮かべるのは、ことごとくシングルマザー世帯だった（夫と離婚したケースや、結婚せずに出産したケース）。それに対し、アメリカでは、シングルマザーやシングルファザーの家庭を思い浮かべる人もいたが、同性カップルの家庭を思い浮かべる人もいた。アメリカ人は「男女のカップルと子ども」以外の家族形態としてさまざまな可能性を想定していたが、日本人はほぼシングルマザー世帯しか想定していなかったのだ。

日本人の回答者たちは、いくつかの理由で「父親と母親の両方のいる家庭」に比べてシングルマザー世帯が好ましくないと考えていた。最も多くの人が指摘したのは、家庭で父親と母親が果たす役割が異なるという点だった。このほかには、親が一人だとさまざまなものごとへの対処に苦労する、十分な収入を得るのが難しい、子どもが寂しい思いをする、社会の偏見にさらされかねない、といったことを挙げた人たちがいた。

「子どもが幸せに成長するには、父親と母親の両方のいる家庭が必要である」という考え方について、ルミはこう述べている。「いまの日本ではそうだと思うんですよね。シングルマザーで産むと、『なんで？』という目で見られてしまう。それだから子どもが幸せでないというわけではないけれど、父親がいなければ、母親は並々ならぬ努力をしなくてはならないと思います」。

家庭では父親には父親の役割があり、母親には母親の役割があるという考え方を述べた人も多かった。「一人が母性と父性を両方担うのは、けっこう難しい。無理があります」と、コージは言う。ケンジは共働きだが、自分と妻の関係について明確にこう述べている。「妻が子どもの面倒を見るので、ぼくはちゃんと働いて給料を稼いでこいという、そんな感じの分担でした。それは妻の思いでもありました」。一方、リョウヘイは、子どもに父親と母親の両方が必要だと考える理由について、一人で子どもを育てることの難しさを挙げた。「片親は大変だと思います。二人いるほうが役割もちゃんとわけられるし。そのほうが理想的かなと感じます」。

日本の回答者には、同性カップルが子どもを育てる可能性を想定した人が一人もいなかったように、母親にしかできないこと、父親にしかできないことがあると考える傾向が見られた。たとえば、オサムはこう述べている。「悪いお父さんや悪いお母さんでない限り、二人いたほうがいいでしょう。一人で両方の役割をこなすのは大変なので、それよりは二人のほうが楽とは言わないまでも、ベターだと思います」。

対照的に、アメリカでは、父親と母親にそれぞれ異なる役割があるという考え方をする人はほとんどいなかった。また、前述したように、「父親と母親の両方のいる家庭」以外の形態として、シングルマザーやシングルファザーの家庭だけを思い浮かべる人ばかりではなかった。同性カップルも男女のカップルと同様に、適切な子育てができると考える人が多かったのだ。私たちがとくに同性カップルについての質問を投げかけたわけではなく、家族のあり方について話を聞くなかで自然にそのような考え方が示された。

二人の親で子育てをすることは、かならずしも母親と父親がいることを意味しないと、コートニーは考えている。「親が二人いるほうが好ましいのは確かです。でも、同性婚と同性愛カップルの子育てを支援する活動をしている立場から言うと、子どもには母親と父親が必要だという主張には同意できません」。リチャードも言う。「片親の家庭や同性カップルの家庭でも、幸せに育った子どもは大勢います。父親と母親がいなくても問題ないケースがたくさんあります。子どもにとって大切なのは、自分が愛されていて、幸せで、安全で、しっかり見守られていると感じさせてくれる大人が一人でもいるかどうかです」。

子育てを担う人物が母親の役割を果たすか、父親の役割を果たすかは、育児の質に比べれば重要でないと、リンダは述べた。「重要なのは、育児の質であって、誰が育児をおこなうかではありません。周囲の大人がやさしく接し、その子の幸せのために尽くしていれば、その大人が母親の役割を担っているか、父親の役割を担っているかを論じるのは意味がないと思います」。

ただし、アメリカの若い世代も、子どもが男女両方の好ましいロールモデル（お手本となる人物）を見て育つことの価値を認めていないわけではない。この点を明確に語っているのがミーガンだ。「確かに、子どもには、同性の好ましいロールモデルが必要です。でも、シングルマザーでも子どものために男性のロールモデルを用意できます。育児は、母親と父親でおこなうものと決まっているわけではない。おじさんやおじいさんでも、男の子にとって好ましいロールモデルになりうるでしょう」。

私たちのインタビュー調査に対して、日本の回答者はアメリカの回答者よりも、父親が子どものそばにいることの重要性を語る人が多かった。しかし、これは皮肉な話だ。日本の男性は、ほかのポスト工業社会に比べて、子どもと一緒に過ごす時間がきわめて少ない。実際、本書で示すように、日本人は、父親が家族と一緒の時間を過ごすことをかならずしも重要視していない。多くの人は、家族のために お金を稼ぐことを父親の最も重要な役割と位置づけているのだ。この点は、私たちのインタビュー調査からも明らかだ。

本当の「家族志向」とは?

一般に、アメリカ人は個人主義的で、日本人は家族志向が強いというイメージがあるかもしれない。しかし、私たちのインタビュー調査によれば、これとは正反対の結論も導き出せそうだ。

子どもをもつことが自分の人生でどのような意味をもつのか、なぜ二人以上子どもが欲しいと思うのかという点では、日本とアメリカの回答者の間に大きな違いはなかった。ところが、家族とはどのようなものか、子どもが母親と父親の両方のいる家庭で育つことをどのくらい重んじるかという点では、両国に大きな違いがあった。日本で家族を築こうと思えば、家族とは男女のカップルと子どもで構成されるもので、母親と父親にはそれぞれ別々の役割があるというモデルに従うことが求められる。日本では、家族本質主義がいわば「ジェンダー本質主義」と強く組み合わさっているのである。次章では、この点について論じる。

第2章　日本では男性が育児休業を取れないという神話

育児休業は男性が取得するものではない？

「育休を取れることになっていても、実際に取れるかというと、そこまで整備されていないと思います。もっとテコ入れが必要です。育休を取れば、非難を浴びるケースもあるでしょう。育休を取ってもいいのだという風潮をつくっていくべきだと思います」。これは、男性の育児休業について私たちが尋ねたとき、タケシが述べた言葉だ。

二〇一二年にはじめて話を聞いたとき、タケシは学習塾の塾長をしていて、妻はパートタイムで事務の仕事をしていた（妻の勤務時間は週に三二時間程度）。夫婦はともに二〇代後半で、子どもをもつことを楽しみにしていた。職場で育児休業を取った人がいるかと尋ねると、タケシは「いる」と答えたが、すぐにこう付け加えた。「これまで育児休業を取得したのは女性だけ、男性で育児休業を取った人は知りません」。

ダイキは、私たちが最初に話を聞いたとき、中小のIT企業でビジネスコンサルタントの仕事をしていた。妻はプラスチック加工会社の経理部門で事務員として勤務していた。妻との間に当時一歳の娘がいて、三年以内に二人目が欲しいと考えていた。長女が生まれたときは、妻が育児休業を取得した。二人目が生まれれば、再び妻が育児休業を取る予定にしている。自分の職場で男性の育児休業が受け入れられると思うかとダイキに尋ねると、ほかの多くの男性たちと同様の答えが返ってきた。「どうして嫁が育休を取らないのっていう話になる。確実になるでしょう」。さらに、ダイキはこう言って笑った——もし男性が一カ月育児休業を取れば、「専業主夫になって会社を辞めればいいと言われるでしょうね」。

私たちは二〇一九年、ある私立大学に勤めているヒロキに二度目のインタビュー調査をおこなった。ヒロキと妻には幼い子どもが二人いた。この時点で、タケシとダイキが前述の発言をしてから七年経っていたが、職場の状況は七年前とほとんど変わっていなかった。ヒロキは、男性は育児休業を取得できないという率直な印象を語り、育児休業を取りたいという男性がいても職場で理解されないだろうと述べた。「取れない？　取れることになっているのに？」と問いかけると、ヒロキはこう答えた。「取らせてほしいと言っても、たぶん取らせてくれないです。奥さんがいるだろう、と言われてしまう。（男性が育児休業を取得した例は）いまのところ聞いたことがありません。うちの職場は理解してくれないでしょう。部長の家でも、奥さんが一人で子どもを育てています」。

実は手厚い日本の男性育休制度

この三人の日本人男性は、「育児休業は女性が取得するものであって、男性が取得するものではない」という思い込みが職場にあると感じていた。しかし、実は、日本の育児・介護休業法は、ほかのどの中・高所得国よりも充実した有給の育児休業制度を男性にも認めている（UNICEF 2019、注）。驚く人も多いかもしれないが、もちろん嘘ではない。この法律により、日本の男性には、女性と同様に育児休業を取得する権利が認められている。育児休業を取得する親は、最初の六カ月間は育児休業開始前の給与の六七％、それ以降は五〇％の給付金を受け取ることができる。そして、母親だけが育児休業を取得する場合は、育児休業期間は原則として子どもが一歳になるまでだが、父親も育児休業を取得すれば（期間の長さは問わない）、夫婦は子どもが一歳二カ月になるまで育児休業を取得できるものとされている。

＊注：法律上、日本の男性は、満額支給換算で三〇週間の育児休業を取得できる。これは、北欧諸国の男性に認められている期間の約三倍に相当する（二〇一六年のデータ）。「満額支給換算」の育児休業期間とは、雇用が保証された状態で育児休業を取得できる期間の長さに、育児休業開始前の給与の何％の給付を受けられるかという割合を掛け合わせた値のことだ。たとえば、ある国の法律で、男性に一〇週間の育児休業が認められていて、その期間に育児休業開始前の五〇％の給付を受けられるとすれば、その国で男性に認められている満額支給換算の育児休業期間は五週間となる。

日本では、政府がこのような手厚い男性育児休業制度を設ける前から、男性がもっと家庭で役割を果たすよう促すべきだという議論がなされてきた。二〇一〇年には、厚生労働省が「イクメンプロジェクト」を開始し、男性の育児参加を後押ししはじめた。「イクメン」とは積極的に育児をおこなう男性を意味する新語だが、その後も「イクボス」（男性部下の育児を支援する上司）、「カジダン」（家事に積極的に取り組む夫）、「ケアメン」（介護をおこなう男性）といった言葉が生まれてきた。

ところが、男性が育児休業を取得する権利を法律で認めたり、育児に熱心な夫を称賛する風潮を強めたりしても、育児休業を取得する男性の割合はあまり増えていない。日本の男性はいまだに、ほかのポスト工業社会の男性に比べて、家事と育児への貢献が少ないことで知られている。

どうして、子どもが生まれた日本人男性は、育児休業の取得という法律上の権利を行使せず、妻と幼いわが子の日々の生活に深く関わろうとしないのか。男性たちがそのような選択をするようになった場合、どのような変化が起きるのか。男性の育児休業取得を法律上の権利にとどめず、男性が育児休業を取得するのが当たり前だという社会規範を築くには、どうすればいいのか。こうした問題は日本に特有のものなのか。それとも、ほかのポスト工業社会にも同様の問題が見られるのか。

ジェンダー本質主義

二〇二〇年のデータによると、日本では女性の育児休業取得率が八一・六％に達しているのに対し、男性は一二・七％にとどまっている（男性の取得率が二〇一八年には六％あまり、二〇一九年には七・五％前後だったことを考えると、この割合は大幅に上昇しているようにも見える。しかし、男性の育児休業取得率が高まった最大の理由は、二週間未満という短い期間の育児休業を取得する人の割合が増えていることにある）。このデータを見ると、日本の男性の大多数が育児休業を望んでいないという結論に飛びつきたくなるかもしれない。また、日本の女性たちが（職に就いていても）家事と育児の九〇％近くを担っているのは、日本の男性が利己的だからだと思う人もいるかもしれない。

しかし、そのような見方は正しくないと、私は考えている。本章で紹介する日本の若い男女は、日本の男性が厳しい制約を課されている現状について雄弁に語っている。実際には、日本の男性のなかにも、育児休業を取得してもっと家庭生活に参加したいと思っている人が大勢いる。それが妨げられている理由は、煎《せん》じ詰めればひとつの要因に集約できる。その要因とは、男性は育児休業を取るべきでないという強力な社会規範である。

そのような社会規範が存在する理由のひとつは、日本の社会で男女に期待される社会的役割が明確に区別されていることにある。そのため、本章の冒頭で紹介した日本人男性たちの言葉からも明らかなように、育児休業は女性のための制度であって、男性のためのものではないと思われているのだ。

一九七〇年代や八〇年代に比べれば、日本の社会ではさまざまな状況が大きく変わった。当時は、女性は結婚と同時に、遅くとも第一子ができると同時に、退職するものとしている企業が多かった。その後、日本の労働力人口が減り続け、労働市場で高学歴女性への需要が高まるのに伴い、日本企業は結婚後や出産後の女性社員をつなぎとめようと、多大な努力を払うようになった。長期間の育児休業や時短勤務など、女性が仕事を続けやすい制度を整備してきたのである。このように、日本企業は、女性が仕事と家庭を両立させることは可能なのだとようやく気づきはじめた。

しかし、仕事と家庭のバランスを取りたいと考える若い男性が増えていることに、企業は対応できているだろうか。一九九〇年代以降、日本の夫婦の過半数は共働きをしているが、多くの日本企業はいまだに、男性が一家の主たる稼ぎ手の役割を担うのが当然だという前提にとらわれており、その前提に日本人男性も縛られているように見える。

男性を稼ぎ手という狭い役割に押し込める発想は、ジェンダー本質主義とでも呼ぶべき考え方のあらわれと言える。家族本質主義は、「真の家族」とはいくつかの本質的な特性（たとえば、男女のカップルと子どもで構成されること）をもっていなくてはならないと考える。それと同様に、ジェンダー本質主義は、男性と女性のあるべき姿がそれぞれいくつかの本質的な特性によって定義されるものと考える。

日本の社会では、「女性のあるべき姿」の定義がこの数十年で大きく広がり、ワーキングマザーもその定義に含まれるようになった。ところが、日本の社会、とりわけ日本の企業は、「男性のあるべき姿」の定義を広げて、家庭生活に積極的に参加し、その時間を楽しむ男性をそのなかに含めることができずにいるように見える。

日本の男性の育児休業取得率がきわめて低い現状は、男性の社会的役割が著しく狭く定義されていることの反映だ。以下では、私たちのインタビュー調査を基に、日本の若い男女が女性の育児休業と男性の育児休業をどの程度妥当なものと考えているか、そして、そのように考える理由としてどのような要因を挙げているかを見てみたい。

日本人の男女は女性の育児休業についてどう考えているか

日本の若い世代が育児休業についてどのように考えているかを詳しく知るために、私たちは二〇一二年の最初のインタビュー調査でこの点について多くの問いを投げかけ、二〇一九〜二〇年におこなった二度目の調査でもいくつかの追加の質問をした。私たちは意図的に、このテーマに関する質問をインタビューの最後のほうで尋ねた。回答者の緊張が解け、思っていることを自由に述べやすくなるのを待つことにしたのだ。

最初の調査では、「一般的に、働く母親が育休を取得することについて、どのように思いますか？　父親が育休を取得することについてはどうでしょうか？」と尋ねた。加えて、「××さんご自身は、将来お子さんがもう一人誕生した場合、職場で育休といった制度を利用したいと思いますか？　なぜそのように思いますか？　そうした制度を実際に利用することを決定する際、どのようなことを考慮すると思いますか？」という質問もした。

育児休業を取る資格がある女性の八〇％以上が取得している現実と符合するように、回答者のほぼすべてが女性の育児休業を好ましいものと考えていて、それを「当たり前」のことと述べている。女性の回答者のほとんどは、将来子どもが生まれたときに育児休業を取得したいと言い、すでに子どもがいる女性の大半は実際に育児休業を取得していた。

私たちがはじめて話を聞いたときに独身だったマドカは、ワーキングマザーが育児休業を取得できるのはいいことだと語った。「仕事をしているから子どもをつくれないとすれば、ちょっと悲しいことだと思う」とのことだった。

女性の回答者のなかには、育児休業期間の長さを一律に決めたほうがいいと言う人たちもいた。最初のインタビュー調査の時点で独身だったリナは、こう述べている。「私は取得すればいいと思っていますが、（育児休業を取得すれば）職場で迷惑だと思われかねないとは感じます。だから、（育児休業期間を）本人に決めさせることはやめたほうがいいと思います」。育児休業を取得すると、会社でよく思われないのではないか、というわけだ。その点、育児休業の期間を一律で決めれば、育児休業の取得が会社でもっと「当たり前」になると、リナは考えているのだ。

リナの発言は、日本の多くの職場で「マタハラ」（マタニティー・ハラスメント＝妊娠・出産・育児に関連して女性が職場で受ける嫌がらせや不当な扱い）が解消されていない現実を浮き彫りにしている。とくに一年以上育児休業を取得しようとする女性がその標的になりやすい。

そうした状況はきわめて皮肉に思える。私たちが話を聞いた女性たちの多くは、職場復帰したいと思っているにもかかわらず、育児休業を延長していたからだ。どうして、そんなことが起きるのか。その理由は、子どもを保育園に預けるまでに一年以上待たされるケースが多いことにある。この問題については別の章で取り上げることにして、ここでは、育児休業の期間を一律に決めたほうがいいというリナの提案が有効である可能性があることだけ指摘するにとどめる。実は、このアイデアは男性の育児休業に関しても非常に有益だ。

なぜ、男性の育児休業が好ましいのか

二〇一二年に話を聞いた人たちのうち、男性が育児休業を取得することに肯定的だった人は半数弱にとどまった。残りの半分は、男性の育児休業を否定的に考えていたり、肯定的な感情と否定的な感情が入り混じっていたりした。否定的な人は、女性よりも男性のほうが若干多かった。この点は、男性のあるべき姿として一家の主たる稼ぎ手であることを挙げる人も男性のほうが多かったことと符合する。一方、男性のあるべき姿として、家事や育児など、家庭に積極的に関わることも求める人は、女性のほうが多かった。

まず、男性の育児休業取得に肯定的な意見を述べた人たちが挙げた理由を見てみよう。

その理由は主に三つだ。①夫が育児休業を取得することにより、出産間もない妻を助け、

夫婦関係を良好に保つ効果がある。②夫婦の親の力を借りられない場合、夫が育児休業を取得しなければ、妻は出産によるダメージが残るなかで、一人で赤ちゃんの世話をしなくてはならなくなる。③子どもが幼いときに父親がそばにいるのは好ましいことであり、父親自身も育児休業により恩恵を受ける可能性がある。

妻へのサポートと良好な夫婦関係の維持

男性の育児休業取得を肯定的に考えていた回答者のなかには、妻が出産のダメージから回復するのを助けられることを理由に挙げる人が多かった。ヒロシは二〇一二年にはじめて話を聞いたとき、子どもができても自分が育児休業を取得するのは無理だと言っていた。ところが、七年後に再び話を聞くと、考え方が変わっていた。「女性だけに任せていると、うちの嫁みたいに産後鬱《うつ》になったりするので、最初の大変なときに男性もサポートしたほうがいいと思います」。妻は五カ月近く産後鬱に悩まされたという。当時、ヒロシは仕事で忙しくて、ほとんど家にいられなかったため、妻は二度にわたり里帰りした。

ヒロシがそうだったように、男性は第一子出産後の妻の様子を目の当たりにしてはじめて、出産直後の女性の大変さがわかる場合もある。私の友人であるマサシは、東京の外資系企業で働いている。第一子のときは一カ月の育児休業を取得したが、第二子のときは三カ月取得した。最初の子どもが生まれたとき、出産直後の女性にとって毎日がいかに過酷かを痛感したためだ。

前出のヒロキは、自分の職場で男性の育児休業は受け入れられないだろうと語ったが、男性が育児休業を取得することの利点は理解していた。「ぼく、取ってみたいです。ひと月でも一週間でもいいので、取ってみたいですね」と、ヒロキは言う。「将来、母親が気晴らしをしたくなったとき、父親が一人で子守りをしなくてはならない。そのときのために練習したいです。ぶっつけ本番だと、ぜったいに失敗すると思います」。それでも、「結局は仕事優先になるでしょうね」と、ヒロキは言う。

二〇一二年にインタビューしたとき、チエにはまだ子どもがいなかったが、その翌年に最初の子どもを出産した。二〇一九年に再び話を聞くと、赤ちゃんを育てる母親が日々経験するストレスへの夫の理解不足について不満を述べた。「子どもが小さいとき、旦那さんが家にいてくれれば、奥さんにしてみれば楽だと思います。赤ちゃんがいると、夜はあまり寝られません。昼間に赤ちゃんと一緒に寝ればいいと思っても、(用事があったりして)なかなかそうもいかない。睡眠不足がずっと続くなかでイライラしてきます。ノイローゼになってしまったお母さんもいっぱいいると思います。(夫が育休を取れば)そういう母親はもう少し減るんじゃないでしょうか」。

ケイコは、出産予定の時期、夫と一緒に外国で生活していた。最初は両親を呼び寄せるつもりでいたが、出産がいつになるか正確には予測できないし、そもそも父親は仕事で多忙を極めていた。両親も義理の両親も近くにいてくれない以上、夫の力を借りるほかない。そこで、夫婦がそれぞれ二週間仕事を休んで、赤ちゃんのそばにいることにした。ケイコは当時を振り返り、「実体験としてとてもよかった」と語り、夫の育児休業は「ぜったいに必要だと思う」と述べている。

実際には夫よりもケイコが育児をする機会が多いものの、このときの経験が関係しているかは明らかでないが、夫がおむつ交換などの基本的な育児のやり方を知っていることが当たり前という雰囲気ができていると、ケイコは言う。「（妻の）実家に助けてもらうことを前提に考えるのはおかしいと思います。夫婦二人の子どもなので。まず育児について旦那さんにしっかり実感してもらうことがとても大事なんじゃないかと思います」。

近くに親がいなくて、出産後に助けてもらえなかったというケイコの言葉からも明らかなように、日本では妻の母親や夫の母親による支援を頼りにする人が多い。私たちのインタビュー調査に対して、多くの男女がそのような趣旨のことを述べている。

母親をサポートするのは親？　夫？

二〇一二年の時点ですでに子どもがいた人や、二〇一九年までに子どもができた人の話によれば、出産後の妻が最初に頼りにするのは、自分の母親や夫の母親だったケースが多い。身の回りのことや子どもの世話に関して、まず夫に頼るという発想はあまり見られなかった。夫はあくまでも次善の選択肢、つまり女性親族の力を借りられない場合にはじめて頼る存在と位置づけられていることが多かった。

ケイスケは、一度目と二度目のインタビュー調査の間に結婚して父親になった。二〇一九年の聞き取りで語った話によれば、妻は妊娠期間の最後の二ヵ月間、茨城県の両親の家で過ごしたという。「最後の二ヵ月は実家に帰っていたので、それほど苦労していなかった印象です」。ショージも同様のことを述べている。「（出産後に）退院してから一ヵ月間は、嫁さんがうちの実家に泊まって、うちの親にサポートしてもらっていました」。三人の子どもを出産したユイは、三度とも退院したあと一ヵ月くらい、週に三日は自分の母親と夫の母親のどちらかが家に来て手伝ってくれたという。

二人目の子どもができたとき、夫が育児休業を取得しなければ、妻を取り巻く状況は第一子のときよりも過酷になりかねない。上の子と赤ちゃんの両方の面倒を見なくてはならないからだ。第一子と第二子の出産の間隔が短い場合は、とくに大変になる。アケミや、アキラの妻のケースがそうだ。アケミの場合、二人目が生まれたあとは、夫の母親の助けが重要だったという。「主人のお母さんに何週間か来てもらって、上の子の保育園の送り迎えやごはんの準備をしてもらっていました」。アキラの家庭も同様だった。「向こうの親が来て、家事とか、上の子の保育園の送迎とか、そういうことをやっていたみたいです。三カ月くらい来てくれていたと思います」。

私たちが話を聞いた既婚男性のなかには、妻が里帰り出産することを前提に考えている人たちもいた。マコトもその一人だ。「嫁さんは実家に行くはずなので、そのあとこっちに戻ってきてから、自分が二、三週間の育休を取るというイメージでいます」。

日本の女性が出産するとき、夫ではなく、自分の親や夫の親に頼る傾向は、二〇一二年と二〇一九～二〇二〇年の二度のインタビュー調査の両方で見られた。出産直後の時期だけを対象にした研究ではないが、二〇一七年の福田節也《ふくだせつや》の研究によってもこの点は裏づけられている。それによると、「フルタイムで働く妻の肉体的・心理的負担」は、夫の家事参加よりも、主として「親の同居によって和らげられている」というのだ（Fukuda 2017:27）。私たちが話を聞いた女性のなかには、出産後しばらく実家に帰ったという人も多く、妻が実家に帰るのを当然のことのように語っていた男性も多かった。また、出産後しばらく、妻の母親や夫の母親を呼び寄せて世話をしてもらうケースもしばしば見られた。

妻の母親か夫の母親が子どもの世話を手伝うことを当たり前とみなす文化が根づいていることは、どのような結果をもたらしているのか。祖父母が孫の世話をし、出産間もない娘を支えるのは、ある面では好ましいことだ。しかし、それにより、夫が赤ちゃんの世話をする機会と、子どもが小さいときに夫婦が一緒に子育てを経験する機会が失われることは否定できない。

子どもが生まれて間もない時期に父親が育児に関わらないと、子育ては母親の役目だという発想が強化されてしまう。母親が（実の母親や義理の母親に教えてもらって）子育てのノウハウを学ぶ一方で、父親は育児で脇役に回ることが当たり前になる。子どもが生まれても父親が果たせる役割はないという発想は、職場の環境を通じて暗黙のうちにいだくようになる場合もあれば、妻やほかの人たちからそのようなことを言われる場合もあるだろう。いずれにせよ、このような状況の下、父親たちは子どもが生まれて早々に、育児の担い手としてのスキルで妻よりも大きく後れを取ってしまうのだ。

第1章でも紹介した内閣府の「少子化社会に関する国際意識調査」には、日本の父親が育児で担っている役割に関して驚くべき発見が含まれている。突然の用事で子どもの世話ができないとき、誰に援助を頼むかという問いに対して、日本、フランス、ドイツ、スウェーデンの回答者の六〇％以上は、自分の親または配偶者の親を挙げた。一方、配偶者を挙げた人の割合は、フランス、ドイツ、スウェーデンではやはり六〇%を超えているが、日本では四〇%程度にすぎない。これが出産直後に多くの父親が育児にほとんど関わらないことの結果なのかはわからない。しかし、緊急時に、日本の母親たちが自分の親や夫の親に比べて、夫に頼ろうとしないという調査結果は、衝撃的と言わざるをえない。

子どもが幼い時期に父親がそばにいることは好ましい？

子どもが幼い時期には父親がそばにいたほうがいいと述べた人も多かった。ただし、父親が育児休業を取得すべき理由としてこの点を挙げた人は、前出の二つの理由（妻をサポートすべきである、親の力を借りられるとは限らない）を挙げた人よりも少なかった。

二〇一二年に独身だったリナは、男性も育児休業を取得すべきだと私たちに語った。「積極的に取ってほしいと思います。とくに初期の育児に母親しか関わらなければ、母親と子どもの関係ばかりが強くなってしまう。家族のなかで男性の存在が女性の存在より小さくなるのは、いいことだとは思えません。もっと男性が育児に参加して、子どもと触れ合う時間をもてたほうがいい」。リナはこう述べている。「もう少し男性が育児休業を取りやすくなったほうがいいと思います」。

二〇一二年の時点ですでに子どもがいたアケミは、最初の調査でも二度目の調査でも、男性の育児休業取得を支持していた。「家族全体によい影響があると思います。男性がこの時期にしか体験できない育児をすることで、家族関係がよくなる予感がします」。

一方、クミコは、二〇一二年の段階では男性の育児休業取得をあまり支持していなかった。ところが、二〇一九年に話を聞くと、少し考え方が変わっていた。クミコと夫の間には、二〇一四年に子どもが生まれていた。「その後の親子関係のことを考えると、子どもが小さいときは男性も世話をしたほうがいいと思います。それに、育児の大変さを少し知ってもらえば、夫婦関係にもいい影響があるでしょう」。しかし、男性の育児休業は短期間にすべきだという考えは変わっていなかった。夫が育児休業を取得すると、一家の収入が大幅に減ることを心配していたのだ。私たちのインタビュー調査で同様の不安を口にした人は多い。日本の若い男女が男性の育児休業に関してどのような不安をいだいているかについては、あとで論じる。

チエも最初のインタビュー調査のあと、男性の育児休業取得を強く主張するようになった。二〇一九年に話を聞いたとき、子どもがまだ幼い間はもっと父親が育児に関わるべきだと語った。「お父さんも、子どもが小さいときに一生懸命育てたほうがいいと思います。ミルクをあげたり、おむつを替えたりしたほうが、自分の子どもだという感じがすると思うんです」。投資銀行でファンドアドバイザーの仕事をしているヒトシも二〇一九年の調査で、父親として育児に参加することが重要だと思っていると述べた。「自分もある程度育児に参加しています。子育ては家族の活動です。別に女性か男性かという話ではない」。この二人の回答者は、二度のインタビュー調査の間に子どもが生まれていた。

このほかに、とくに二度目のインタビュー調査で数人の男性が述べたことがあった。それは、男性の育児休業は男性自身にとっても好ましいことだという考え方だ。ヒロシは、最初の子どもが生まれたとき育児休業を取ることはぜったいに無理だったと言っているが、もし職場で半分以上の男性が育児休業を取っていれば自分も取得しただろうと述べた。育児休業を取得すれば、さまざまな恩恵があると考えているためだ。「子どもを育てるだけでなく、仕事から離れて人生を見つめ直す時間にもなると思うのです。そういう意味で、育休を取れるなら取りたいです」。

注目すべきなのは、男性の育児休業に肯定的な人すべてが家族への好影響を理由に挙げていたことだ。母親と父親、子どもたち、そして家族間の関係にとって、それが好ましいと考えているのだ。それなのになぜ、二〇一二年のインタビュー調査では、回答者の半分以上が男性の育児休業に否定的なことを述べたのか。その最大の理由は、育児休業を取得することにより男性の職場での立場が悪くなるのではないかという不安だ。

なぜ、男性の育児休業に否定的なのか

三菱ＵＦＪリサーチ＆コンサルティング、内閣府、時事通信がそれぞれおこなった最近の調査でも同様の結果が示されているが、私たちのインタビュー調査でも、男性が育児休業を取るとキャリアに悪い影響が及ぶのではないかと恐れている人が多かった。育児休業を取得すると収入が減るので、男性は取得しないほうがいいと考える人たちもいた。

それまでに職場で育児休業を取得した男性が一人もいないので、育児休業を取りたくないと言う人たちもいた（要するに、男性の育児休業に関する社会規範を職場で最初に打破する人物になりたくないと思っているのだ）。自分が育児休業を取ると、同僚に迷惑がかかるのではないかと心配する人たちもいた。なかには、男性の育児休業に関する情報が乏しく、ほとんど話題にも上らないため、自分の勤務先で男性が育児休業を取得できること自体を知らなかった人も数人いた。

育児休業を取得すると男性のキャリアに傷がつくという不安

私たちのインタビュー調査に対して、男性が育児休業を取得するとキャリアに傷がつくのではないかという不安を語った男性も多かった。妻のなかにも同様のことを述べた人が少なからずいた。たとえば、タケシはこう述べている。「職場での地位に関係なく育休を取得す

ることが当たり前になっていれば、問題なく取れるでしょう。でも、実際には難しい。育休を取って役職を失った男性たちの前例を見聞きすれば、育休を取ろうとは思いません」。アキラも同じような不安をいだいていた。二〇一二年に話を聞いたとき、数週間ならともかく、それ以上長期間の育児休業を取得すれば昇進と昇給に悪影響が及ぶと強く感じていた。この年の調査で同様のことを述べた人は少なくなかった。

二〇一二年のインタビュー調査では、夫が育児休業を取得することを好まない女性も多かった。シノはその典型だ。当時、シノと夫は二〇代後半。シノは金融関連企業の事務職員としてフルタイムで働いていて、夫はコンビニのいくつもの店舗を束ねる役職に就いていた。二人は子どもができるのを楽しみにしていたが、夫が育児休業を取得する可能性について話し合ったことがあるかと尋ねると、話したことはないとのことだった。「主人の会社では、最近女性が増えはじめて、ようやく女性が育休を取れたくらいです。男性が育休を取るという発想は、まだまだだと思います」。

では、シノ自身は男性の育児休業についてどのように考えているのか。「まだ普及していないですよね。まわりの見る目もあまりよくない気がします」。自分が育児休業を取り、夫が取らないことを当たり前と考えてきたと、シノは言う。「いまの日本では、（男性が育児休業を）取得すると出世に響く気がします。企業の理解がそこまでではないからなのでしょう」。

しかし、シノが夫に育児休業を取ってほしくないと考える理由はそれだけではない。こうも語っている。「父親が取るのは厳しいですね。一般に給料は男性のほうが高いので、男性が育休を取ると家計が苦しくなってしまいます」。この点は、男性の育児休業取得に賛成しない理由として回答者が挙げたなかで二番目に多かった理由だ。

ヒロシも、二〇一四年と二〇一八年に子どもが生まれたときに育児休業を取得しなかった理由をこう説明した。「収入がだいぶ減ってしまいます。嫁さんが育休を取ったほうが世帯としての収入減が少ないので、嫁さんのほうが取りました」。

職場で育児休業を取得した男性がいない

ヒトシは二〇一二年に話を聞いたとき、女性が一年間育児休業を取得しても「問題ないと思いますよ」と述べる一方で、男性の育児休業に関しては次のように語った。「そんな人いないよね、という状況です。社内でというより、日本社会全体にそうした文化がない。現状では、それを受け入れる土壌がまったくないと思います」。「子どもが生まれたから、たとえば半年間育休を取りたい、取りますと言ったら、どうなりますか」と、私たちが尋ねると、こんな答えが返ってきた。「基本的には、アホかって言われるでしょうね」。

「ぼくの権利なんですよと言ったら？」と、私たちがさらに尋ねると、ヒトシはこう述べた。

「権利を振りかざせば、取れるかと言えば取れるでしょう。でも、ずいぶん肩身が狭いでしょうね。狭いと思いますよ（笑）。そういう文化がないので」。ヒトシは、自分が育児休業を取得する選択肢について妻と話したこともないと言う。一方、妻が育児休業後に職場復帰するとき、難しいことはとくになかったという。「妻の職場は比較的、女性には理解がある職場なので」。

ヒトシはさらにこうも語った。「上司たちは（男性が育児休業を取得する）環境を経験していないので、抵抗があるのでしょう。自分たちの経験に基づいて考えてしまうのです。逆に、もしぼくが上の立場になったら、部下には育休を取れよって思いますね」。つまり、若い男性社員が育児休業を取りたいと考える理由を理解するためには、職場の年長男性たちがみずからも育児休業を経験する必要があるというわけだ。そして、上司がみずからの行動や言葉を通じて理解を示さない限り、若い男性社員は育児休業を取っても問題ないとはなかなか思えないのだろう。

ヒロシは、最初に話を聞いたとき、男性の育児休業に関して矛盾する思いを語った。「いいんですけど、たぶん無理ですね（笑）」。どうしてそう思うのかと尋ねると、同じ言葉を繰り返した。「無理ですね。誰も取っていない」。「あなたが最初の一人になってみては？」と言うと、こんな言葉が返ってきた。「厳しいですね。たぶんまわりの視線が痛い。働かないで給料をもらっていると思われてしまう（笑）。取れないですね。そういう環境ではない」。
私たちの回答者はほぼ全員、職場で男性育児休業の第一号になれば「変わった人」だと思われかねないと感じていた。育児休業を取得した男性は職場でけっして好意的な目で見られないだろうと、ヒトシは言った。ナオコも最初の聞き取りで同様のことを述べている。「職場で（男性の育児休業取得を推進する）取り組みがあって、『この人が取りました！』といった写真を見たことがあるんですけど、『ふーん』と思ってしまいました。あまり自分の夫にはやってほしくないですね（笑）」。

前出のダイキは、最初に話を聞いたとき、娘が一歳だった。育児休業は取っておらず、もし二人目が生まれても取るつもりはないとのことだった。職場はおよそ四人に三人が男性で、ダイキは週平均七五時間働いていた。育児休業の権利があることは知っていると言いつつ、次のように語った。「（育休を取得したあと）職場に戻りづらい感覚はありますね。よほど会社にとって必要不可欠な人材ならともかく、普通の会社員にはちょっと無理ですね」。職場での立場が関係してくるというのだ。会社による違いもあるという。「前の会社は、一ヵ月前くらいに言えば確実に大丈夫でしたね。いまの会社は無理です」。

同僚に迷惑がかかる？

二〇一二年のインタビュー調査では、職場の同僚にしわ寄せがいくことを懸念材料として挙げる男性も多かった。たとえば、ユタカは、本気で育児休業を取得しようと思うなら、もっと準備しなくてはならないと思うと語った。「仕事の段取りがつけば、(育児休業を取っても)いいと思います。家族に迷惑をかけたくないのと同時に、職場の人たちにも迷惑をかけたくありません。職場の仲間にとっては、休むこと自体が迷惑かもしれないけれど、取るなら、自分がやれることをある程度やってから取りたいです」。

私たちの聞き取りに対してタカユキが語った内容は、二〇一二年の調査で多くの男性が述べたことの典型だった。「それなりに準備して、ほかの人に迷惑がかからないようにしたい」と、タカユキは言った。「たとえば仕事を六〇〇件担当しているとすれば、その仕事がほかの人にいくことになるので、どうしても同僚に迷惑がかかってしまいます」。

二〇一二年の調査で、ケンイチはとりわけ強い言葉で男性の育児休業取得への反対意見を述べていた。「これは、ぼくの職種の仕事柄だと思います」と、ケンイチは私たちに語った。「隣の席に座っている営業マンが担当しているお客さんの事情は、ぼくもそこまで把握できているわけではありません。もしその同僚がいなくなれば、誰かがお客さんのことを最初からやらなくてはならない。誰かが会社を辞めたら、ほかの人たちが分担して引き継ぐことになります。辞めてしまったのなら仕方がないけれど、誰かが育休を取るという理由でそうした分担をしろと言われたら、みんな嫌がると思うんです。替えの利く仕事であれば、取りやすいのでしょうが……。ぼくが間違っているかもしれないけれど、なんとなくそんな感じです。一家の大黒柱であるはずの男性が育休で休むと言ったら、仕事をなめていると、たぶん思う。それならもう辞めてくれ、と。それが正直なところです」。

規範の開拓者たち

私たちが話を聞いた男性のなかで、職場ではじめて育児休業を取得する男性になりたいと語ったのはタカユキだけだった。タカユキがそうした思いを述べたのは、二〇一九年の二度目のインタビュー調査でのことだった。それまで一三年間、ある特許事務所で働いていて、定年までそこに勤め続けたいと考えていた。仕事には満足していた。給料は悪くないし、職務内容も自分に合っている。同僚との関係も良好だ。転勤があまりなく、不愉快な社内政治がないことも好ましい点だった。

タカユキは、早く子どもが欲しい、できれば二人欲しいと述べた。「もし子どもが生まれたら育休を取得する予定や考えはありますか」と尋ねると、「ぜひ取りたいです」という言葉が返ってきた。それも、できるだけ長い期間取りたいと思っていて、二ヵ月間取得できるかもしれないという話も聞いているとのことだった。それまで職場で育児休業を取得した男性はいなかったが、「ぼくが第一号になりたい」と、タカユキは言った。「いま会社のなかで機運が盛り上がってきていて、男の人でも育休を取れるように整備しようという話が出ています。その意味で、育休を取りやすいタイミングかもしれません」。

私たちが話を聞いた人たちのなかで、タカユキと妻はやや異例の存在だ。ほかのカップルよりも家事を均等に分担しているのだ。タカユキによれば、自分が家事の三〇%を担当し、妻が七〇%を担当しているという（夫が一〇%、妻が九〇%という夫婦が多い）。食後の片づけと風呂掃除がタカユキの担当で、洗濯、掃除、料理が妻の担当だ。タカユキは、子どもが生まれれば自分がもっと家事や育児を担当するべきだと思っていて、分担割合を五〇対五〇に変えるつもりだという。いまは自分が望むより長い時間（一日平均九・五時間）勤務しているが、その気になれば残業はなくせると考えている。

そのように考える理由は、職場の社員評価の方法にある。「どれだけ仕事をこなしたかで評価されて、どれだけの時間働いたかはあまり関係ありません。効率よく、残業せずにノルマを達成できるのであれば、それでいいという感じです。それに、たとえノルマを達成できなくても給料が上がらないだけです」。タカユキが勤務時間を減らしたいと考えている理由は、もうひとつある。二〇一二年の最初のインタビュー調査のあと、過労で健康を害したのだ。それをきっかけに、人生でなにを大切にしたいかを考え直したという。

前出の私の友人マサシも、男性の育児休業取得を強く訴える一人だ。マサシは社会学者ではないが、社会の動きをつぶさに観察する職業に就いている。二〇一九年、男性の育児休業について意見を尋ねると、まず語ったのは育児休業を取得することの難しさだった。「私の会社では男性も育児休業を取得できることが明確に示されているのですが、それでも男性社員たちはなかなか育児休業を取りません。長く職場を離れると、不利な扱いを受けると思っているからです。実は、私は会社ではじめて育児休業を取った男性です。子どもが二人いますが、二回とも取得しました」。マサシは、育児休業を取得することで得たものについても語っている。「私の場合、キャリアに好ましい影響がありました。視野が広がったのです。娘を保育園に連れていくと、ほかの子の母親や保育士さんと話す機会があります。それを通じて、母親たちの困りごとについていろいろ学べました。素晴らしい経験ができたと思っています」。

マサシは育児休業を取得した際、とくに職場復帰したとき、同僚との関係にどのように対処したのか。育児休業明けはひときわ一生懸命働いたと、マサシは振り返った。会社に対する感謝の気持ちがあったし、同僚たちの力になり、男性の同僚が育児休業を取るときはその人の仕事も引き受けるつもりでいることを示したかったのだという。

注目すべきなのは、男性の育児休業に前向きなマサシですら、自分が職場を離れれば同僚に迷惑がかかると心配していたことだ。それでも、マサシはそれを理由に育児休業を諦めるのではなく、前向きな解決策を見いだした。それは、育児休業明けにはそれまで以上に一生懸命働き、同僚が育児休業を取るならその人の仕事を一部肩代わりしてもいいという意思を示す、というものだ。この行動は二つの点で好ましい。ひとつは、同僚との関係に気を配り、同僚との絆を尊重できること。もうひとつは、同僚たちのために男性が安心して育児休業を取得できるという前例をつくれることだ。

マサシのような人物は、いわば「規範の開拓者」と呼べるだろう。「男性は育児休業を取得しないのが当たり前だ」という社会規範を打破する行動に踏み出し、ほかの人たちにも同様の行動を取るよう後押ししたのである。マサシが率先して育児休業を取得したことにより、職場のほかの男性たちも規範を破っていいのだと思い、自分も育児休業を取ろうと決意すれば、規範を打ち壊す人が次第に増えはじめる可能性がある。そうした人の数が「臨界点」を越えれば、やがて新しい規範が――男性の育児休業取得が当たり前だという規範が――形づくられるかもしれない。

裁判所はどう判断したのか

「規範の開拓者」になろうとすれば、どうしてもリスクがついて回る。嘲笑されたり、つまはじきにされたり、そのほかの形で不利な扱いを受けたりしかねない。とりわけ、まわりの人たちが社会規範を強く受け入れているように見えるとき、人は規範を破ることに及び腰になる。本章で紹介した多くの日本人男性たちもそうだった。育児休業を取得したいと言えば、同僚から怪訝《けげん》な目で見られると恐れているのだ。

日本人は周囲の人たちの行動にことのほか敏感だ――そんなふうに感じている人も多いだろう。実際、自分の行動を「まわりの人」に合わせなくてはならないという発想は、日本の社会に深く根を張っているように見える。私はこれを「仲間の影響力」と呼んでいる。社会科学の用語を使えば、育児休業を取得しないという形で「仲間」と同じ行動を取ろうとする男性たちは、「規則性に関わる規範」に従っていると言える。

規則性に関わる規範とは、その社会で「当たり前」とされる行動、言い換えれば普通もしくは正常とみなされる振る舞い方に関する規範と考えればいい。人々がその種の規範に従うのは、それに逸脱した行動を取れば、なんらかの代償を払わされると思うからだ。その代償は、のけ者にされたり、負の烙印《らくいん》を押されたりするなど、社会的なものの場合もあれば、昇進の機会を失うなど、もっと具体的なものの場合もある。

近年、男性が育児休業を取得したことで不利な扱いを受けたとされる事件がいくつか大きく報道されたことにより、規範を打破しようという機運に冷水が浴びせられた。たとえば、二〇一九年六月、化学メーカーの男性社員をめぐる一件がメディアで話題になった。男性はこの年の春、四週間の育児休業を取得した。すると、職場に復帰して二日目に、上司から数週間後の遠方への転勤を言い渡された。転勤に同意する前に妻と相談する時間が欲しいと訴えたが、上司はそれを受け入れなかった。転勤のタイミングは、一家にとって最悪と言ってもよかった。新居に引っ越したばかりで、子どもを預ける保育園も見つかり、妻は職場復帰の準備を始めていたのだ。そこで、男性社員は退職を決意し、準備期間として二週間の有給休暇を申請した。しかし、会社側はそれも認めず、ただちにデスクを片づけて会社を去るよう求めた。

この出来事に関しては、すべての細かい事情が報じられているわけではないだろう。しかし、興味深いのは日本社会の反応だ。多くの人は、社員にわずか数週間後の転勤を命じることは会社の法的権利の範囲内であり、それは「当たり前」のことだと考えていた。一方で、このような会社の対応は社員の家庭生活に大きなダメージを及ぼすと指摘した人たちもいた。この問題が報じられたあと、化学メーカーの株価は一時的に下落した。

一九八〇年代半ば、子どもとの関係を重んじる選択をしたために不当な扱いを受けたとして、日本の男性が勤務先の会社を訴えたいくつかの裁判が注目を集めた。一九八六年には、遠距離転勤を拒んだことを理由とする解雇を不当と主張して、ある男性が会社を訴えていた裁判で、最高裁判所の判断が示された。その男性は、転勤に応じれば、職をもっている妻、幼い子ども、高齢の母親と離れて暮らさなくてはならなかった。この判決で、最高裁判所は会社の主張を支持した。

一九九二年、育児・介護休業法の前身となる育児休業法が施行されたが、その後も長い間、職に就いていない配偶者がいる人は育児休業の権利を認められていなかった。これにより、多くの父親は実質的に育児休業の権利を否定されていた。その後、法律が数度にわたり改正される過程でこの制限が撤廃されて、職に就いていない配偶者がいる人にも育児休業が認められるようになった。二〇〇一年の法改正では、育児休業を取得したことを理由に企業が社員に不利益な扱いをすることも禁じられた。この法改正以降、育児休業を取得したあと不利益な扱いを受けたり、ひどい場合は制裁を加えられたりしたと主張する男性たちが相次いで裁判を起こした。

ある男性は、最初の子どもが生まれたときに約一年、二人目の子どもが生まれたときにも約一年の育児休業を取得した（この男性の勤務先企業は、最長二年間の育児休業を認めている）。男性は、最初の育児休業後に職場復帰した際、子会社の倉庫業務に配置換えされて、肉体労働を課された。その後、肩を負傷するとオフィス勤務に戻されたが、与えられた業務は男性の専門知識や経験とは関係のないものだった。この状況は、二度目の育児休業を取得して職場復帰したあとも続いた。男性は二〇一九年に会社を裁判に訴えた（裁判は二〇二一年三月に和解が成立）。

このような裁判の結果や育児休業を取った男性に対する会社の仕打ちは、前出のタケシの言葉を裏づけている。男性にも育児休業を取得する権利があるとはいっても、それが職場で歓迎されるとは限らないのだ。その傾向は民間企業でとりわけ目立つ。「育休を取って役職を失った男性たちの前例を見聞きすれば、育休を取ろうとは思いません」というタケシの指摘は鋭い。

しかし、日本の男性が育児休業の取得という法的権利を行使することを躊躇する理由は、育児休業を取って不利な状況に追い込まれた人の実例が広く知られていることや、育児休業を取った男性が周囲にほとんどいないことだけではない。「ほかの男性たちがどのように考えているか」に関する男性たちの認識が及ぼしている影響も見過ごせない。この点は、二人の日本人社会心理学者による研究からも明らかだ。

「多元的無知」の影響

社会心理学者の宮島《みやじま》健《たける》と山口裕幸《やまぐちひろゆき》は、男性たちが男性の育児休業についてどう考えているか、この問題についてほかの男性たちがどんな意見をもっていると思っているか、そしてこの点に関する認識が男性たちの行動にどんな影響を及ぼしているかを明らかにしたいと考えた（Miyajima and Yamaguchi 2017）。この研究では、二〇～四九歳の日本人男性に対して、男性の育児休業に関する意見を尋ね、あわせて同世代のほかの男性たちの意見を推測させた。すると、男性たちはしばしば、実際以上にほかの男性たちが育児休業に否定的だと思い込んでいた。そして、その思い込みが原因で、自分自身は育児休業を取得したいと思っていても取得を諦めているケースが多かった。

宮島と山口は、次のように結論づけている。「ひとりひとりの男性は育児休業に肯定的だが、ほかの男性たちが否定的な意見をもっていると誤解しているために、みずからの内なる信念に沿った行動を自制している。そして、集団の規範だと思い込んでいるもの（要するに、育児休業の取得を断念すべきだという考え方）に従って行動している……。つまり、私たちの研究によれば、日本における男性育児休業をめぐる社会問題は、多元的無知の問題とみなすことができるのだ」（2017: 9）。

「多元的無知」とは、ほとんどの人がある考え方をもっているにもかかわらず、自分たちが少数派だと思い込んでいる状況を言う（Prentice and Miller 1993）。この状況に陥ると、自分の考え方（この場合で言えば、男性の育児休業取得は好ましいことだという考え方）が少数派だと思い込んだ人たちは、自分の意見に従って行動することに腰が引けてしまう。みずからの評判が悪化することを恐れるためだ。すると、悪循環が生まれかねない。自分の意見が少数派だと誤解して、本当に取りたい行動を取らない人が多くなれば、その結果として、ますますその意見が少数派だというイメージが強まってしまう。その弊害は、ひとりひとりの個人だけでなく、集団全体にも及ぶ可能性がある（Willer et al. 2009）。ある規範への支持が実際以上に強いという誤解が広がると、本当はほとんどの人が支持していないのに、悪しき規範が長期間にわたり再生産され続けかねない。

実際のところ、日本人男性の多数派は、男性の育児休業についてどう考えているのか。もし私が日本人男性だったら、ほかの人たちがどう考えているのか見当がつかないだろう。この点に関する調査結果はまちまちだ。二〇一五年の内閣府の調査によれば、子どもがいる男性のうち、直近の配偶者・パートナーの出産時に一カ月以上の育児休業を取りたかったと答えた人は三〇％にとどまっていた。二〇一九年六月の時事通信による世論調査でも、「（父親が）育児休業を取得する必要はないが、必要に応じて手伝うべき」「父親は仕事優先で、できる範囲で手伝えばいい」「父親は仕事に専念し、育児は母親に任せるべきだ」と答えた人を合わせると、全体のおよそ四分の三に達した。一方、日本生産性本部による二〇一七年の調査によれば、この年の男性新入社員の約八〇％は、子どもが生まれたときには育児休業を取得したいと答えている。

このように、男性たちがどれくらい育児休業に前向きかは調査によって異なる。しかし、一貫して見られる傾向もある。それは、育児休業を取得すると職場で悪影響があるのではないかという不安を述べる人が多いことだ。この点は、さまざまな調査で繰り返し見えてくる。

育児休業を取る男性が少ない三つの理由

ここまでの議論をまとめると、日本でおこなわれた意識調査や私たちのインタビュー調査の豊富なデータによれば、日本人男性のほとんどが育児休業を取得しない最大の理由は、そうすべきでないという強力な社会規範がいまだに存在していることだと考えられる。具体的には、男性の育児休業取得率が依然として低い理由は以下の三つだ。

①男性は育児休業を取得すべきでないという「規則性に関わる規範」が強力に根を張っている。この規範の根底には、育児は女性の役割であって男性の役割ではないというジェンダー本質主義的な発想がある。

②そうした規範を強化している要因がある。その要因とは、男性の育児休業をめぐる裁判のニュース（育児休業を取得したために会社で不利益な扱いを受けたとして、男性社員が勤務先の会社を裁判に訴えた事件が大きく報道されている）、そして、いわゆる多元的無知（周囲の男性の間では育児休業反対派が多数派だという思い込み）である。

③妻ではなく夫が育児休業を取得すると、家庭が失う収入が大きいと考えられている。この背景には、日本で男女の賃金格差がいまだに大きいという現実がある。そのため、お金の面では、ほとんどの場合は妻が育児休業を取得するほうが得策ということになるのだ。

男性の育児休業取得率が低い状況は、どのような影響をもたらしているのか。育児休業を取る男性がきわめて少なければ、男性のあるべき姿を狭く定義する考え方——一生懸命働いて家族のためにお金を稼ぐのが男性の役割で、育児では副次的な役割しか果たさないのが当然だという考え方——が強化され、正当化されてしまうのだ。育児休業は女性が取得するのが当たり前だという発想が日本の男性と女性、そして企業に浸透しているために、このようなジェンダー本質主義的な発想がますます強まっている。出産後の女性が夫ではなく、自分や夫の母親からサポートを受ける慣習も、同様の影響を生み出していると言えるだろう。

本格的な対策を講じない限り、こうしたさまざまな要因は相互作用を通じて深く根を張り続けるように思える。しかし、日本の男性の一二・七％しか育児休業を取得しない状況は、本当に憂慮すべきことなのだろうか。社会がゆっくり変わっていくのに任せておけば十分なのではないか。次章では、そのような選択が日本社会にとって好ましくない理由を示したい。

第3章　なぜ男性の育児休業が重要なのか

男性の育児休業が重要な理由――世界の国々から学べる教訓とは

どうして、育児休業を取得する日本人男性がきわめて少ないことが問題なのか。日本人男性の社会的役割として「一家の稼ぎ手」であることが最も重視される結果、男性が家庭の時間より仕事の時間を優先させるのが当たり前とみなされている状況は、どうして憂慮すべきなのか。

ひとくちにポスト工業社会といっても、男性に育児休業を認めているか、休業期間中に給付金が支給されるか、給付水準がどれくらいかという点はまちまちだ。社会科学者は、なぜ国によって政策が異なるのか、政策の違いがどのような影響を生むのかに関心をもつ。

たとえば、社会科学者は次のようなことに着目する。子どもが幼い時期に男性が育児に参加すると、夫婦はもう一人子どもをもつことに前向きになるのか（そうなれば、その国の出生率は上昇するだろう）。男性の育児参加は、夫婦間の育児と家事の平等な分担につながるのか（そうなれば、職に就こうとする女性の割合が増えるかもしれない）。子どもが幼いときに男性が育児に参加すると、母親と子どもの健康に好影響が及んだり、家族の絆が強まったりするのか。この最後の点は、子どもの保健と発達心理学の問題であり、私の専門分野と本書で扱うべき領域の範囲外だ。以下では、男性の育児休業が国の出生率とジェンダー不平等に及ぼす影響を検討する。

女性が育児休業を取得することは好ましいが、男性の場合はかならずしもそうではない――この種の固定観念が根を張っているのは、日本だけではない。ほかの国でも同様の考え方がしばしば見られる。北欧諸国でも、男性が育児休業を取得することが当たり前だという社会規範がつねに存在したわけではない。しかし、そのような社会規範が形づくられれば、二人以上の子どもをもつ夫婦が増えるという点に関しては、社会科学の研究によるデータの裏づけがふんだんにある。

よく知られているように、北欧諸国（デンマーク、フィンランド、アイスランド、ノルウェー、スウェーデン）は、男性育児休業の歴史が最も長い国々だ。これらの国々は概して、ほかの大半のヨーロッパ諸国より出生率が高く、東アジアのどの国よりもはるかに高い出生率を維持している。言うまでもなく、北欧諸国と日本では事情が異なる面が多い。北欧諸国で出生率が高いことを男性の育児休業だけで説明できるかどうかは、当然議論の余地があるだろう。しかし、最近の研究により、夫婦が子どもを二人以上もつことを後押しする要因として、男性の育児休業が大きな意味をもつことがわかってきている。この現象には、マクロレベルとミクロレベルの二つの理由がある。以下では、重要な研究をいくつか紹介し、「マクロ」「ミクロ」という言葉の意味を説明したい。

マクロレベルの研究

トルーデ・ラペゴールとトム・コルンスタという ノルウェーの二人の研究者が二〇一九年に発表した論文では、育児に積極的に参加する男性が増えることにより、育児を母親と父親の共同作業とみなす社会規範が強まる可能性を指摘している。そうした社会規範が根づけば、女性はもう一人子どもを産むことに前向きになるかもしれない。二人目が生まれたとき、夫が育児に参加するだろうという安心感をもてるからだ。

ラペゴールとコルンスタは慎重な研究により、ある地域で育児休業を取得する男性の割合が増加すると、その地域の女性が第二子を産む確率が高まることを明らかにした。それどころか、子どものいない女性が最初の子どもを出産するケースも増えるという。「夫の参加が当たり前だという社会規範は、若い女性たちの出産に関する意思決定に影響を及ぼす」のである（Lappegård and Kornstad 2019: 14）。

この研究では、男性たちが取得する育児休業期間の長さと女性たちの出産の関係も分析した。すると、興味深いことに、ある地域で男性たちがどれくらいの期間の育児休業を取得しているかは、その地域の出生数にあまり大きな影響を及ぼさないことがわかった。男性が育児休業を取得するかしないかのほうが大きな意味をもっていたのである。要するに、出生率に影響を及ぼすのは、父親が育児休業を取得するのが当たり前だという社会規範を確立できるかどうかなのだ。

私がこの研究を「マクロレベル」の研究と呼ぶのは、まわりの大勢の人たちが取る行動（要するに社会規範）が個人やカップルに及ぼす影響を調べたものだからだ。しかし、第一子の誕生後に男性が育児休業を取得した場合、そのカップルのそれ以降の意思決定にどのような影響があるのかという「ミクロレベル」の疑問は残る。ある男性が育児休業を取得するかどうかは、その夫婦がもう一人子どもをもうけるかどうかに関係するのか。ノルウェーやほかの北欧諸国の研究によると、この問いの答えもイエスだ。

ミクロレベルの研究

アン＝ソフィー・ドゥバンデルらの二〇一九年の研究では、アイスランド、ノルウェー、スウェーデンで、第一子が生まれたときに夫が育児休業を取得した場合、そのカップルが第二子をもうける確率が高まるのかを調べている。この研究はきわめて詳細なものだ。夫が育児休業をまったく取得しなかったケース、「父親クオータ」（夫婦が取得できる合計の育児休業期間のうち、夫しか取得できない期間。夫が取得しなければ権利が消滅する）として割り振られている期間だけ育児休業を取得したケース、そして、もっと長期間の育児休業を取得したケースを比較している（Duvander et al. 2019）。

この研究により、どのようなことが明らかになったのか。三カ国すべてで、第一子のときに夫が育児休業を取得した夫婦は、夫がまったく育児休業を取得しなかった夫婦に比べて、第二子をもうける確率が高かった。興味深いのは、ノルウェーとスウェーデンでは、夫の育児休業期間の長さがあまり大きな違いを生んでいないように見えることだ。この二つの国では、夫が少なくとも「父親クオータ」の期間の育児休業を取得したかどうかが大きな意味をもっていたのである（アイスランドだけは、第一子のときの父親の育児休業期間が長いと、カップルが第二子をもうける確率が高かった）。

留意すべきなのは、この研究の対象がすべて「父親クオータ」の制度を設けている国だということだ。この制度の導入がアイスランド、ノルウェー、スウェーデンよりかなり遅れたデンマークとフィンランドは、研究の対象に含まれていない（「父親クオータ」の導入は、ノルウェーが一九九三年、スウェーデンが一九九五年、アイスランドが二〇〇〇年）。ドゥバンデルらは、父親の育児休業取得が第二子の出産にどのような影響を及ぼすかは、それぞれの国の文化的・社会的要因に左右される可能性が高いと慎重に指摘している。その点、この研究が対象とした三カ国では、それなりの年数にわたり「父親クオータ」の制度が存在しているため、（期間の長さはともかく）父親が育児休業を取得することを当然と考える社会規範が確立されていると言えるだろう。

アイスランド、ノルウェー、スウェーデンで育児休業を取得した男性の大半は、妻が仕事に復帰したあとで育児休業を取り、家で子どもの世話をしている（妻の育児休業期間中にみずからの育児休業を開始するケースも少なくないが）。この点は注目に値する。加藤承彦《かとうつぐひこ》、隈丸拓《くまるひらく》、福田節也の研究が指摘しているように、「第一子が生まれた時点では、夫婦の子育てスキルには大きな差がない可能性が高い。夫も妻もそれまで育児の経験がほとんどないからだ」（Kato et al. 2018: 294）。父親にとって、子どもが幼い時期に育児に参加することは、子育てのスキルを身につけ、育児への自信をはぐくむうえで非常に重要なのかもしれない。妻が（ときにはみずからの母親や夫の母親の力を借りて）子育てをすべてやってくれれば、男性が子育てのスキルや自信を獲得し、育児への興味をいだくことは難しい。

こうした点は、日本社会の状況を考えるうえで大きな意味をもつ。前章で紹介したインタビュー調査の結果にもあるように、子どもが生まれたあと、妻が自分の母親や夫の母親に助けられながら子育てのスキルを習得する一方で、夫は育児休業を取らずに仕事を続けるケースが多いからだ。

育児休業制度の違いと男性の考え方

スウェーデンとフランスの父親を対象とした研究により、育児休業制度が異なると、育児休業に対する男性の考え方がどのように変わるかが明らかになっている。アンナ＝レナ・アルムクビストは二〇〇八年に発表した小規模な比較研究で、六歳未満の子どもが少なくとも一人いるスウェーデンとフランスの男性たちに、育児休業についてどのように考えているかを尋ねた。

この研究がおこなわれたのは、一九九〇年代後半。この二つの国では、もともと夫婦二人が取得できる合計の育児休業期間を二人で自由にわけることが認められていた。育児休業期間に給料のどれくらいの割合の所得が保証されるかという点では、スウェーデンのほうがフランスよりも手厚い制度になっていた。さらに、フランスでは、第二子以降の育児休業の際にしか給付金が支給されなかった。両国の育児休業制度のもうひとつの違いは、男性の育児休業取得を後押しするために、スウェーデンで一九九五年に「父親クオータ」の制度が導入されたことだ。この制度により、父親だけが取得できる育児休業が一ヵ月間追加されたのである。この追加分の育児休業は、妻が代わりに取得できないものとされた（スウェーデンの「父親クオータ」の期間は、二〇〇二年には二ヵ月間、二〇一六年には三ヵ月間に拡大された。なお「母親クオータ」も同期間設定されている）。

アルムクビストの研究では、スウェーデンとフランスの母親と父親に、有給の育児休業を取得したかどうか、取得しなかった人にはなぜ取得しなかったのかを尋ねた。また、夫婦両方が育児休業を取得したカップルには、育児休業期間を二人でどのようにわけたのか、そしてなぜそのようにわけることにしたのかを尋ねた。すると、スウェーデンではほとんどのカップルが育児休業期間を二人でわけて消化していることがわかった。

マリーとオロフはその典型だ。アルムクビストが話を聞いたとき、女性のマリーはフルタイムの職に就いていたが、勤務時間を八〇％に短縮して働いていて、男性のオロフは第二子のために育児休業を取得している最中だった。第一子のときは、マリーが一年間、オロフが八ヵ月間の育児休業を取得した。二人は第二子のときも同様の方法を選んだのだ。その理由について、オロフはこう語っている。「前回とてもうまくいったし、子どもと一緒に家で過ごして給付金も受け取れるなんて、素晴らしい権利だと思います。だから、権利を使うことにしました」（Almqvist 2008: 196）。育児休業期間は家庭の収入がいくらか減るけれど、その点については前もって準備しておけばいいと、オロフは述べている。

オロフの言葉は、昔ながらの男らしさではなく、アルムクビストの表現を借りれば「子どもも重視の男らしさ」のわかりやすい例と言えるだろう。それに対し、フランスではスウェーデンに比べて、昔ながらの男らしさの実例がしばしば見られた。フランスの男性はたいてい、女性だけが育児休業を取得するべきだと考えていたのである。アルムクビストが話を聞いたフランスのカップルのなかに、どちらが何カ月間育児休業を取得するかを話し合ったカップルは一組もなかった。フランスでは、もっぱら女性が育児休業を取得するのが当たり前だと考えられていたためだ。

その点、スウェーデンでは、育児休業の取り方について話し合っているカップルが多かった。マルガレータとアンデシュの場合は、第一子が生まれたとき、男性のアンデシュが六カ月間の育児休業を二度にわけて取得した。アンデシュはこう語っている。「育児休業を取得して家で過ごす権利を私も行使できるべきだと思いました。子どもは、私の子どもでもあるのですから。私も家にとどまる権利があってしかるべきだと思うのです」（Almqvist 2008:

197）。

アルムクビストの研究によれば、どちらの国でも、夫の給料が妻より大幅に高い場合は、夫が育児休業を取得する確率が低かった。それでも、夫婦二人に認められている合計の育児休業期間のなかで、夫が取得する期間の割合は、平均するとスウェーデンのほうがフランスよりも高かった。また、スウェーデンの男性は、子どもの生活に関与することの重要性を語る場合が多かった。そのような発言は、フランスの男性からは聞こえてこなかった。スウェーデンでも夫婦が均等に育児休業期間をわけていたわけではなかったが、スウェーデンの男性の行動は、スウェーデンが国としてジェンダー平等を重視し、男性も女性も職業生活と家庭生活の両方に参加できるようにしたいと考えていることとの反映と言える。この点については、別の章で詳しく論じる。

男性の育児休業がもう一人子どもをもうける後押しになるとすれば、男性の家事や育児への参加にも同様の効果があるのではないか。男性の育児休業取得状況が国によってまちまちなのと同じように、男性がどのくらい家事と育児を担っているかも国によって大きく異なる。この点に関して、日本の状況はほかの国と比べてどうなのか。それは、出生率になんらかの影響を及ぼしているのか。

男性の時間、女性の時間

ＯＥＣＤ（経済協力開発機構）のデータによると、日本の男女はほかの多くの国の人たちよりも睡眠時間が若干少ない。しかも、女性の睡眠時間が男性より少ない国は日本だけだ。一方、日本人の平均労働時間が大半のＯＥＣＤ加盟国より若干多いことは、予想どおりかもしれない。しかし、有償労働と無償労働の時間を合計すると、日本人女性の週平均労働時間が男性にほぼ匹敵すると聞くと、驚く人も少なくないだろう。

どうして、このような状況が生まれているのか。数十年前に比べれば、家の外で職に就く既婚女性がかなり増えたことは事実だが、職に就いている人の割合は男性のほうが高い。それにもかかわらず男女の平均労働時間がほとんど違わないのは、人々が家の外で有償労働に携わるだけでなく、家庭内で無償労働（家事と育児）もおこなっているからだ。

日本では、女性の労働時間に占める無償労働の割合が男性よりもきわめて高い。図3-1にあるように、二〇一七年の時点で日本の男性は家庭で家事と育児の一五％しか分担していない。言い換えれば、日本の家庭では家事と育児の八五％を女性が担っている。この点は、ノルウェー、スウェーデン、デンマークとは大きく異なる。これらの国々では、男性が家事と育児の四〇％以上を担っている。では、アメリカはどうか。アメリカの男性の家事と育児の分担割合は、北欧諸国ほど高くはないが、四〇％近くには達している。これは、日本の男

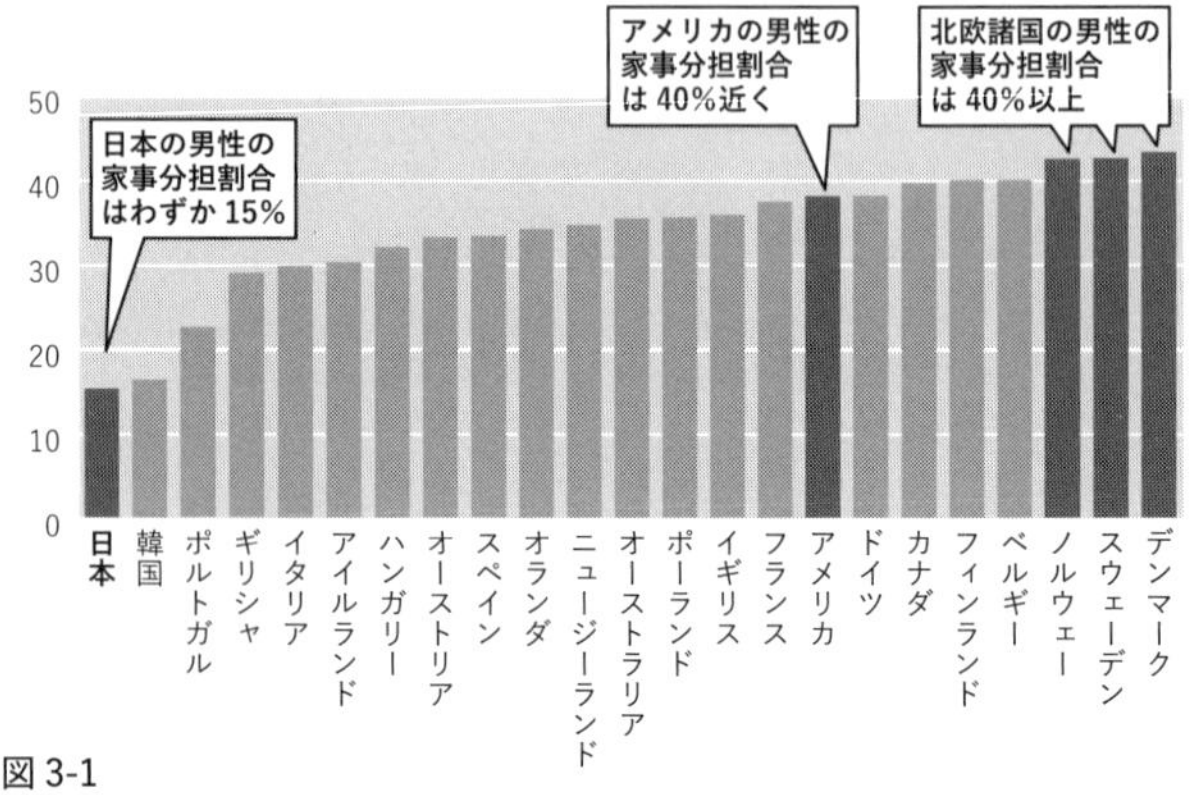

図 3-1

男性の家事分担割合（主な OECD 加盟国）

出典：OECD. Employment Indicators: Time spent in unpaid, paid and total work, by sex. Gender Equality. Retrieved from http://www.oecd.org/gender/data/employment/

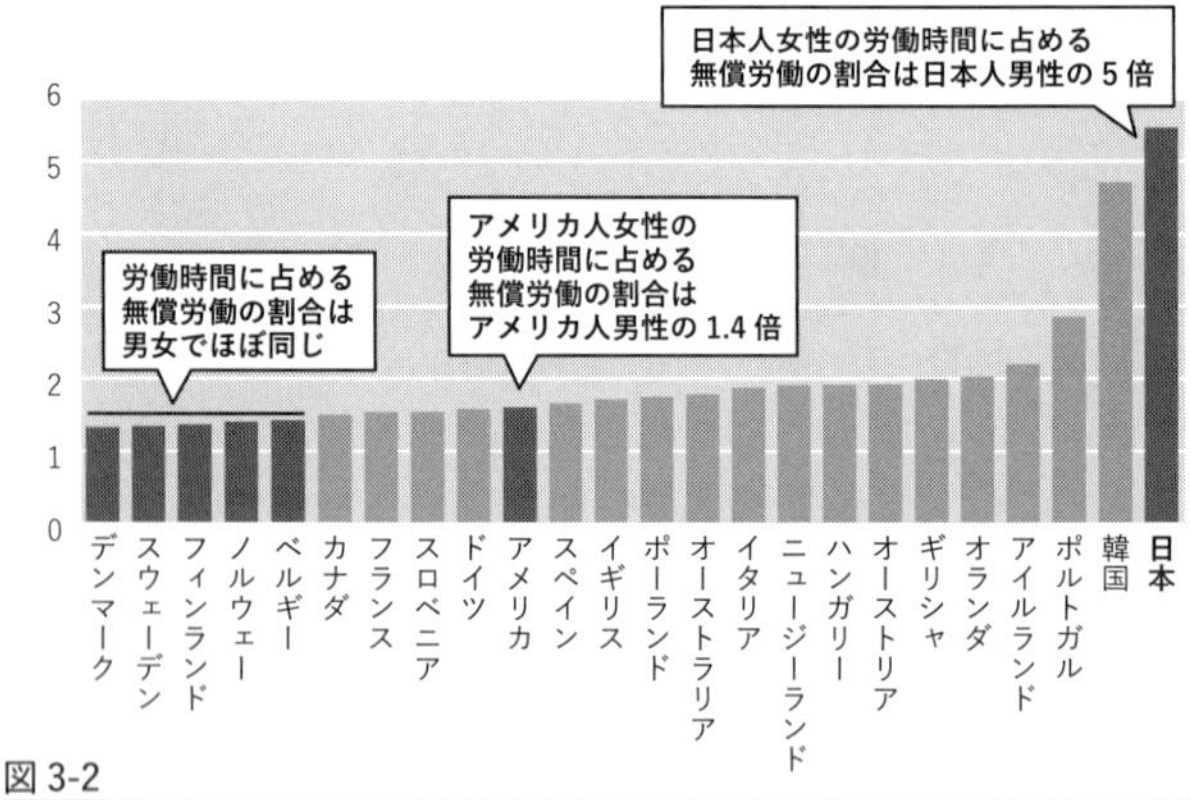

図 3-2

女性の労働時間に占める無償労働の割合（対男性比、主な OECD 加盟国）

出典：OECD. Employment Indicators: Time spent in unpaid, paid and total work, by sex. Gender Equality. Retrieved from http://www.oecd.org/gender/data/employment/

性の二・五倍以上である。

この点を別の角度から見たのが図3-2だ。この図は、さまざまなポスト工業社会に関して、女性の労働時間に占める無償労働の割合を、男性の労働時間に占める無償労働の割合と比較したものである。その割合が男女で同じであれば、図で示す値は1・0になる。値が2・0の場合は、女性の労働時間に占める無償労働の割合が男性の二倍であることを意味する。

図3-2の二四カ国のうち一八カ国では、女性の労働時間に占める無償労働の割合が男性の二倍未満に収まっている。ところが、日本ではそれが五倍に達している。日本と韓国は、この割合が際立って高い。

日本の男性が家庭でおこなう無償労働の割合がほかのポスト工業社会より低いことは、どうして問題なのか。ひとつには、言うまでもないことだが、男性の無償労働が少ないということは、裏を返せば女性の無償労働が多いことを意味するからだ。日本の女性は日々、男性と同じくらい長い時間働いているが、その労働時間のなかで家事と育児の占める割合が非常に高い。ところが、そうした労働は目に見えにくく、金銭的報酬も受け取れない。しかも、家事や育児の経験が企業から「職務経験」として認められることもない。

日本の男性はほかの国の男性よりも長時間の有償労働に従事しており、それにより、家事

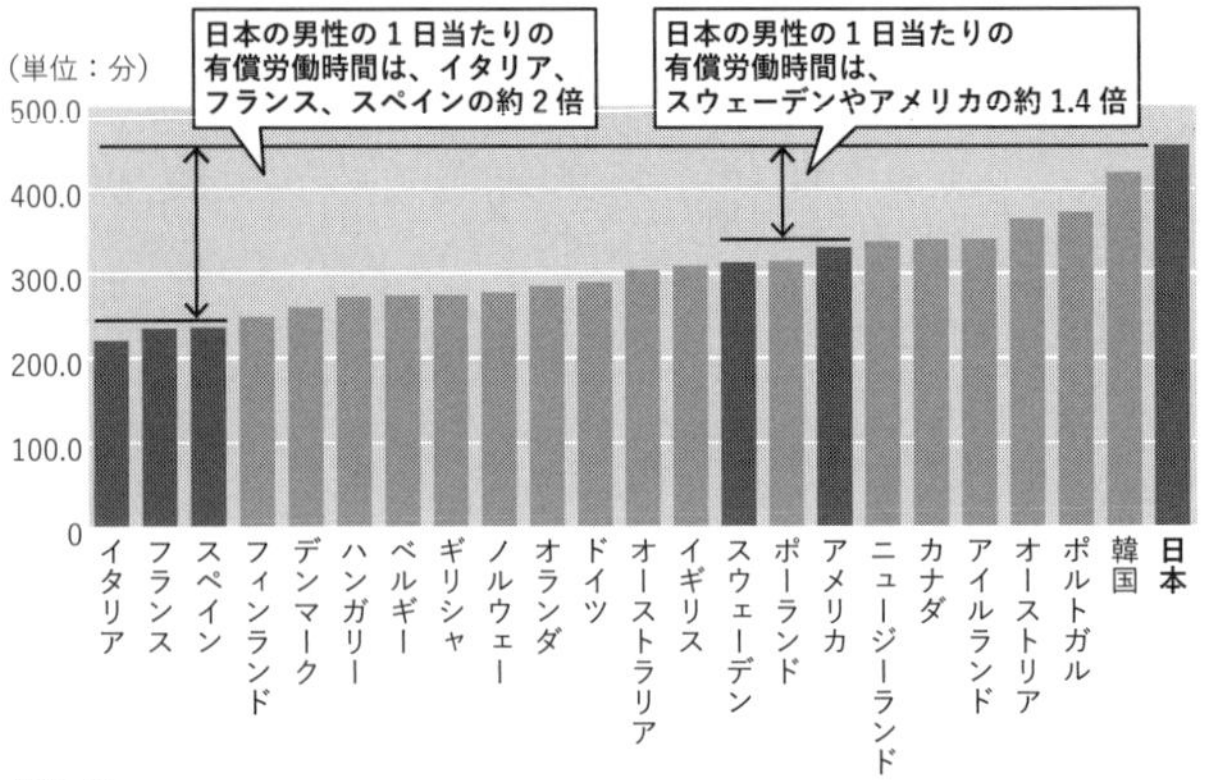

図 3-3

男性の１日当たりの有償労働時間（主な OECD 加盟国）

出典：OECD. Employment Indicators: Time spent in unpaid, paid and total work, by sex. Gender Equality.

と育児に携わる時間が少ないことの埋め合わせができている――このように考える人もいるかもしれない。図3-3を見ると、確かに日本の男性は、イタリア、ベルギー、ギリシャ、フランス、スペインの男性に比べて、一日当たりの有償労働の時間がおよそ二倍に上っている。アメリカの男性と比べても約一・三倍だ。

日本の男性の長時間労働は、どのような結果をもたらしているのか。日本の男性は一家の稼ぎ手の役割を強力に果たしており、長時間の有償労働をおこなっている結果として、家族の子どもの数が増えている……と言えればいいのだが、そうはなっていない。この点には、男性の家事分担割合が小さいことが影響していると考えられる。

世界の国々のデータを見ると、男性が有償労働に従事している時間の長さと、その国の出生率の間には、正の関連性も負の関連性もない。しかし、男性が育児や主要な家事（料理、掃除、洗濯など）を分担している割合が大きい国ほど、出生率が際立って高い（de Laat and Sevilla-Sanz 2011; Feyrer, Sacerdote, and Stern 2008）。しかも、注目すべきことに、出生率が低かったヨーロッパの国のなかで二〇〇〇年前後に出生率が上昇しはじめた国（ドイツ、イタリア、スペインなど）では、若くて教育レベルの高い男性が育児や主要な家事に費やす時間が大幅に増加している（Sullivan, Billari, and Altintas 2013）。これらの国々の状況は、日本とは対照的だ。

男性の無償労働と出生率の関係

私は男性の無償労働と出生率の関係をテーマにした研究に興味をそそられて、ＯＥＣＤのデータをさらに詳しく調べてみた。その結果をまとめたのが図3-4だ。これは、国の合計特殊出生率と、女性の労働時間に占める無償労働の割合の対男性比（図3-3の内容）の関係を示したものである。この二つの要素の間には、統計上有意な負の関連性を見いだすことができた。つまり、男性が無償労働に費やしている時間が女性に比べて少ない国ほど、出生率が低い傾向が見られたのだ。

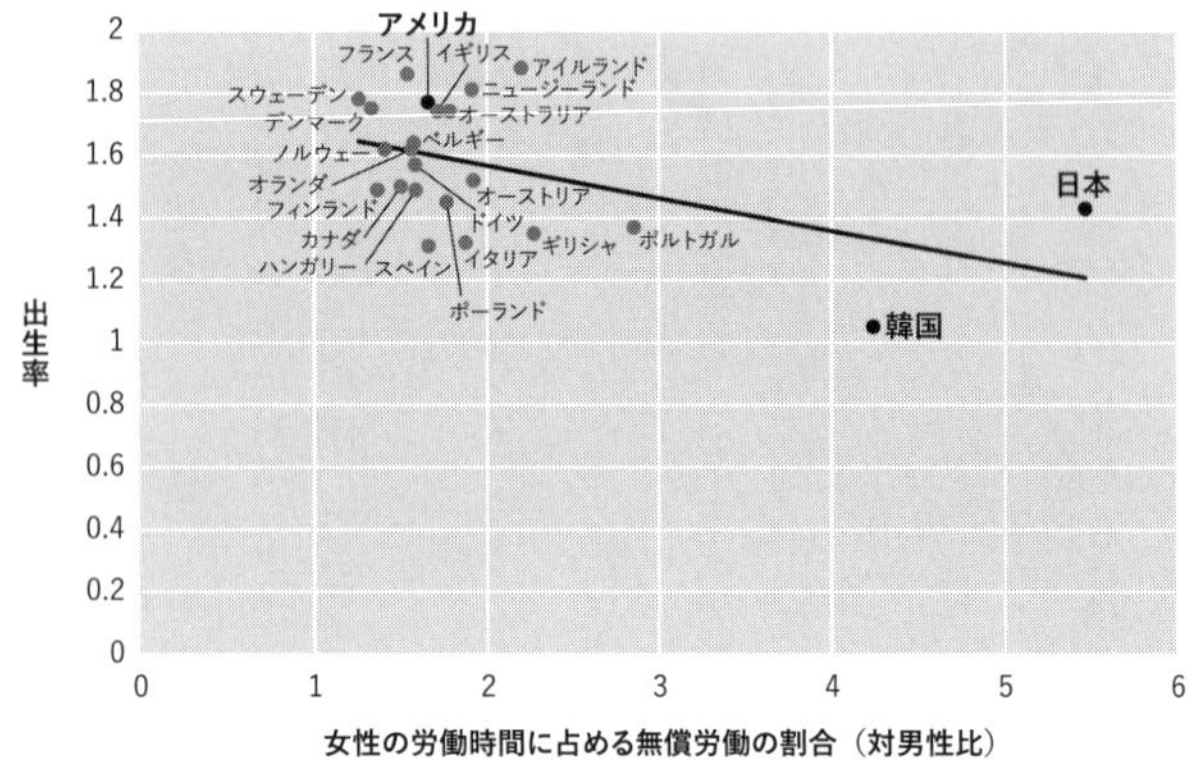

図 3-4

国の合計特殊出生率と、女性の労働時間に占める無償労働の割合の対男性比（主な OECD 加盟国）

出典：OECD. Employment Indicators: Time spent in unpaid, paid and total work, by sex. Gender Equality. Retrieved from http://www.oecd.org/gender/data/employment/ Human Fertility Database. Fertility Rates. Retrieved from https://www.humanfertility.org/cgi-bin/main.php

この図を見れば一目瞭然だが、日本と韓国は、女性の労働時間に占める無償労働の割合が男性の数倍にも達しているだけでなく、出生率がきわめて低いことでも極立っている。アメリカとスウェーデンは日本や韓国に比べれば、労働時間に占める無償労働の割合の男女差が小さく、出生率も格段に高い。

また、ポスト工業社会の国別データを見ると、男性が家庭の無償労働に貢献する度合いと、男性が有償労働に費やす時間数の間には、強い負の関連性がある。男性が有償労働に費やす時間が多い国では、男性が家事労働に費やす時間が少ない傾向が

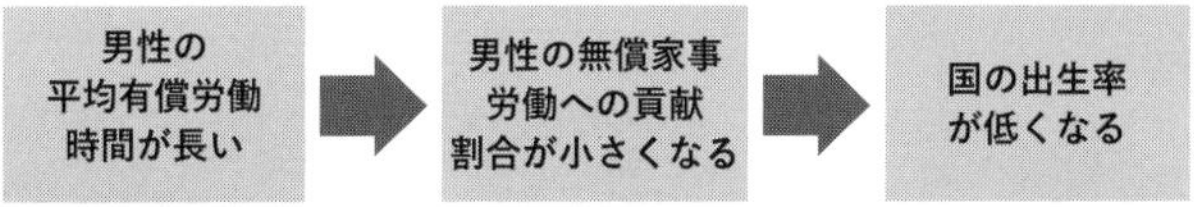
男性の
平均有償労働
時間が長い
男性の無償家事
労働への貢献
割合が小さくなる
国の出生率
が低くなる

図 3-5

男性の平均有償労働時間と、家庭における無償労働への貢献割合と、国の出生率の関係

あるのだ。男性の平均有償労働時間と、家庭における無償労働への貢献割合と、国の出生率という三つの要素の間には、図3-5のような因果関係があるように見える。

男性が家事労働をどれくらい担うかは家庭の外で働く時間数に強く影響を受けるが、女性の場合は事情が違う。女性が家事労働をどれくらい担うかは、その国の「文化的所与」もしくは「文化的デフォルト（初期設定）」によって決まる面が大きいように思える。ある国で女性が担っている家事労働の割合と、女性が有償労働に携っている時間数との間には、統計上有意な関連性を見いだせないのだ。このようなデータを見ると、女性の時間配分のあり方は、男性に比べて理不尽なものに感じられるかもしれない。

ただし、こうした国レベルのマクロなデータを見る際には注意が必要だ。たとえば、ある国で長時間の有償労働をおこなっている男性たちと、家事労働の分担割合が少ない男性たちが同じ人たちでない可能性もある。もしそうだとすれば、図3-4はまったく因果関係を示せておらず、図3-5のような図式も成り立たないことになる。それぞれの家庭で起きていることを正しく理解するためには、世帯単位のミクロなデータを参照しなくてはならない。

幸い、近年は社会人口学の研究者たちがこの点について精力的な研究をおこなっている。とくに、どのような条件下でカップルが第二子をもうける可能性が高まるのかを解明しようとした研究が多い。二〇世紀終盤以降、ヨーロッパと東アジアの多くの国で出生率が著しく落ち込んでいる一因は、子どもを一人しかもうけないカップルが増えていることにあるからだ。

夫の無償労働と夫婦の子どもの数の関係

ヨーロッパの国々を対象に、夫の家事労働への貢献の度合いと、夫婦が二人目の子どもをもうける確率の関係を明らかにするために、さまざまな研究がおこなわれてきた（Aassve et al. 2015; Cooke 2004, 2009; Olah 2003）。それらの研究によれば、概して夫が家事や育児に深く関わるほど、夫婦が二人目をもうける確率が高まることがわかっている。妻が職をもっている場合、夫が家事労働に携わることの効果はひときわ大きいという研究結果もある。夫が家事と育児に積極的に参加すれば、妻が仕事と家庭を両立しやすいからだ。

東アジア諸国を対象にした研究は、ヨーロッパよりも少ない。そのような研究のいくつかは、（実際に子どもをもうけたかどうかではなく）夫もしくは妻がもっと子どもが欲しいと思っているかどうかを調べている。マンイー・カンとエカテリーナ・ハートクの二〇一七年の研究では、中国、日本、韓国、台湾で、男性の家事分担と、子どもをもつことへの夫婦の願望の関係を調べた。その願望の強さは、夫と妻のそれぞれが理想として何人子どもが欲しいと思っているかを基準に判断した。この研究による大きな発見のひとつは、中国、日本、韓国、台湾のすべてで「夫が家事を多くこなしている夫婦では、妻がより多くの子どもを欲しがる傾向が見られる」という点だった（Kan and Hertog 2017: 557）。

また、妻の家事労働の分担割合が大きくなると、もっと子どもが欲しいという妻の欲求は低下する傾向も見られた。この点は意外でない。カンとハートクの研究によれば、東アジアの国々では、夫婦の子どもの数が増えると、妻が担う家事の量が増える半面、夫の家事の量は増えないことがわかっているのだ。自分が担う無償労働の量が増えると予測できるために、妻たちはたくさんの子どもを欲しがらない面もあるのかもしれない。

日本でも、どのような条件下で夫婦が二人目の子どもをもうける確率が高まるのかに焦点を当てた研究がおこなわれている。加藤承彦、隈丸拓、福田節也による前出の二〇一八年の実証研究はとりわけ重要だ（Kato et al. 2018）。この研究は、男性の育児への貢献と家事への貢献を区別して、それぞれが第二子以降の出産に及ぼす影響を検討している点で特筆に値する。具体的には、少なくとも一人の幼い子どもがいる全国の親たちを統計的に代表する時系列データを用いて、夫婦がもう一人多くの子どもをもうけるかどうかに影響を及ぼすのがどのような要因かを明らかにしようとした（この研究では、子どもがいない夫婦が最初の子どもをもうけるかどうかに影響する要因については分析していない。日本社会では結婚と出産が密接に結びついていて、多くの夫婦が少なくとも一人は子どもをもうけるからだ）。

この研究によると、夫の家事参加と、夫婦が二人目、三人目の子どもをもうける確率との間には、一貫した関連性を見いだせなかった。しかし、夫がどれくらい育児に参加するかは、二人目、三人目をもうける確率との間に関連が見られた。

夫が幼い子どもの世話をすることに時間を費やせば、妻は、夫が家族を大切にするつもりなのだと理解する。もちろん、夫が家事を積極的におこない、妻の家事負担が減れば、妻が日々直面する重圧は緩和される。妻がフルタイムで働いている場合、この点はとくに大きな意味をもつだろう。しかし、それが男性の育児参加と同等の効果をもつかは明らかでないのだ。夫が育児休業を取得して幼い子どもと一緒に過ごすことは、二つの好影響をもたらすと言えそうだ。ひとつは、家庭内のジェンダー平等が向上し、妻が職場で貢献するために費やせる時間が増えること。そして、もうひとつは、一人ではなく、二人以上の子どもをもつ夫婦が増えることだ。

加藤らの研究のとくに興味深く、ユニークな点のひとつは、育児の個別の課題ごとに夫がどの程度の役割を担っているかを定量的に調べている点だ。日本の読者には予想どおりかもしれないが、とりわけ重要だったのは子どもの入浴だ。この研究では、次のように指摘している。「赤ちゃんを入浴させる時間までに帰宅する父親が増えれば、日本の出生率が高まるかもしれない」(Kato et al. 2018: 305)。

夫の育児参加の重要性はきわめて大きいと言えそうだ。そこで、私はこの点をさらに掘り下げて分析するために、家事と育児を区別して集計している国際的なデータを探した。すると、日本を含むいくつかのポスト工業社会のデータを見つけることができた。本章で論じてきた内容から考えると意外ではないが、そのデータによると、日本の男性はほかの国の男性に比べて、一日当たりの育児時間が最も少ない。日本の男性が育児に携っている時間は、夫婦全体で育児に費やしている時間の約一八％にすぎないのだ（日本人男性の家事時間は夫婦全体の一五％）。この割合は、アメリカ人男性は三一％、スウェーデン人男性は三八％だ。

ここまでの議論をまとめると、国際的な比較研究によれば、男性が育児休業を取得し、家庭生活に、とりわけ育児に積極的に参加することは、夫婦が二人目の子どもをもうけることを後押しする強力な要因になる。ところが、日本人男性が育児に割く時間は、データを入手できるポスト工業社会のなかで最も少ないのだ。この点は、実際に育児をおこなっている時間数で見ても、女性が育児に費やしている時間との比較で見ても言えることだ。

では、どうすれば男性の育児参加が増えるのか。そのためには、男性が育児休業を取得すること、夜に家族と一緒に過ごせる時間に帰宅することが有効だ。しかし、いずれも日本ではほかのポスト工業社会ほど一般的でない。しかも、男性が家事や育児を積極的におこなう傾向が強まる変化のペースもほかの多くの国より遅い。

男性の家事参加と育児参加の状況はどのように変わってきたか

一九七〇年から二〇一五年の間に、欧米の多くのポスト工業社会では、女性たちが洗濯、料理、掃除という主要な家事に費やす時間の平均は、ほぼ一貫して減り続けてきた（Altintas and Sullivan 2016）。一方、男性がこれらの家事に費やす時間は若干増えている。

それ以上に注目すべきなのは、ヨーロッパのポスト工業社会の大半およびカナダとアメリカで男性が育児に費やす時間も増えていることだ（Sayer, Bianchi, and Robinson 2004; Sullivan, Billari, and Altintas 2013）。また、一九六〇年代や七〇年代に比べて職をもつ女性が増えているにもかかわらず、女性が育児に費やす時間も増えている。そして、育児に費やす時間の男女格差がなくなったわけではないが、その格差はほぼすべてのポスト工業社会で縮小し続けている。パトリック・イシヅカがアメリカの親たちを対象におこなった研究によると、どの社会階層でも、手厚い子育てに賛同する傾向が目立つようになっている。この研究結果からは、子どもを生活の中心に据えて、育児にじっくり時間をかけることが好ましいという文化的規範が一般的になってきたことがうかがえる（Ishizuka 2019）。

欧米の男性のなかで主要な家事と育児に費やす時間が最も増えているのは、超低出生率国（ドイツ、イタリア、スペイン）の教育レベルが高い男性たちだ。オリエル・サリバン、フランチェスコ・C・ビラリ、エウリム・アルティンタスの二〇一三年の研究は、超低出生率国として、ドイツ、イタリア、スペイン、スロベニアを、緩低出生率国として、アメリカ、イギリス、カナダ、フランス、オランダ、スウェーデン、ノルウェー、フィンランド、デンマークを対象にしている。

この研究によれば、「一九七〇年代、超低出生率国では、大卒の父親たちが家事や育児に費やす時間の平均がほかの国々の非大卒の父親たちを上回りはじめた。そして、一九九〇年代後半になると、ほかの国々の大卒の父親たちも上回るようになった」という（Sullivan, Billari, and Altintas 2014: 1060）。これらの国々では、教育レベルが高い男性たちの行動が変化したこと（家事や育児の時間が増えたこと）が出生率の上昇に大きく寄与したと、サリバンらは結論づけている（残念ながら、この研究で使用したデータは家事と育児を区別していない）。

また、ヨーロッパの超低出生率国では、「男性の役割はお金を稼ぐこと、女性の役割は家族の世話をすること」という考え方に同意する男性が減少傾向にあり、それと足並みをそろえるように、出生率が上昇しはじめたという。こうした変化は、日本では見られていないものだ。

日本では一九九〇年代半ば以降、出生率がほとんど変わっていない。日本の男性が家事と育児にどれくらいの時間を割いているかという時系列データを見つけることは難しいが、津《つ》谷《や》典子《のりこ》らの研究によれば、日本の男性が家事に費やす時間が増加するペースは、ほかのポスト工業社会よりゆるやかなものにとどまっている（Tsuya et al. 2012）。この研究によると、日本では妻がフルタイムの職に就いている夫婦でも、夫の家事分担の割合はたいてい二〇％に満たない。また、別の研究によれば、東アジアの日本、中国、韓国、台湾を比較すると、料理、洗濯、掃除を「めったにしない」と述べている男性の割合は日本が最も高い。週に数回、もしくは毎日、料理、洗濯、掃除をする男性の割合も、日本が飛び抜けて低い（Kan and Hertog 2017）。

家事・育児に最も積極的な男性、最も消極的な男性

さまざまな国際比較研究によると、教育レベルの高い男性は教育レベルの低い男性に比べて、家事や育児を多くおこなう傾向がある（Altintas 2014; Guryan, Hurst, and Kearney 2008;

Sullivan, Billari, and Altintas 2014)。その理由としてよく指摘されるのは、教育レベルの高い男性のほうがジェンダー平等を重んじる人が多いという点だ。しかし、日本では、男性の教育レベルと勤務先の会社の規模が密接に結びついており、大企業は中小企業よりも社員に長時間労働を求めるケースが多い。日本の男性の家事分担について論じる際は、教育レベルだけでなく、それぞれの職場における規範も考慮に入れる必要があると、私は考えている。

私の共同研究者である永瀬伸子《ながせのぶこ》は、厚生労働省による「二一世紀成年者縦断調査」という質の高い調査の個票を分析に用いる許可を得て、日本の夫婦が第二子をもうけるかどうかを取り巻く状況について調べた。二一世紀成年者縦断調査は、二〇〇二年の時点で二〇～三四歳だった日本人の男女（統計的に代表するサンプルを抽出）を毎年追跡調査するものである。この調査を参照することにより、日本の夫たちがどれくらい家事をおこなっているか、そして夫婦が子どもを何人もうけるかを分析する際に、夫の職場環境という要素を考慮することが可能になった。

表3-1は、日本の男性が家事（家事と育児の両方を含む）に費やしている時間と、その男性の教育レベル、勤務先の会社の規模の関係を示したものである（Nagase and Brinton 2017）。この表からいくつかの興味深いことが見えてくる。まず、小さな会社（社員数一～四人）で働いている男性は概して、もっと大きな会社で働いている男性に比べて家事分担の割合が大

表 3-1

日本の男性の家事分担割合（教育レベル別・会社の規模別）

	教育レベル			
会社の規模(社員数)	高校卒	専門学校卒	大学卒	大学院修了
1–4	21%	21%	18%	29%
5–29	21%	20%	18%	14%
30–99	20%	18%	21%	26%
100–299	20%	19%	17%	22%
300–499	21%	18%	15%	18%
500–999	20%	18%	15%	17%
1,000–4,999	18%	17%	15%	17%
5,000以上	19%	18%	**13%**	17%
公務員	23%	21%	20%	18%

家事分担割合が最も小さい

出典：Nobuko Nagase and Mary C. Brinton. 2017. “The Gender Division of Labor and Second Births: Labor Market Institutions and Fertility in Japan.” Demographic Research 36:339–70

きい。この点は納得がいく。小さな会社は、少し早い時間に帰宅したいという希望に応える柔軟性はあまりないかもしれないが、市場での競争が比較的激しくなく、社員はそれほど厳しい時間的プレッシャーにさらされていない場合が多いのだろう。また、公務員の男性も、社員数一〇〇〇人以上の会社に勤めている男性より家庭での無償労働に貢献している。

さらに、男性の教育レベルを考慮に入れると、非常に注目すべきことが明らかになった。社員数一〇〇〇人未満の企業の場合、教育レベルが大卒以上の男性もそれより教育レベルが低い男性とほぼ同程度、家庭で家事を分担していた。ところが、勤務先の会社の規模がもっと大きい場合、大卒以上の男性の家事分担の割合は、高校卒や専門学校卒の人より小さかった。実は、家庭での無償労働の分担割合が最も小さいのは、最も社会的地位が高く、最も高給取りの人たち——つまり、非常に大きな会社（社員数五〇〇〇人以上）に勤める大卒以上の男性たちだった。

以上のことからなにがわかるのか。大きな傾向として言えるのは、教育レベルと勤務先の会社の規模の面で「成功」している男性ほど、家庭での無償労働への参加が少ないということだ。おそらく、そのような男性たちは、教育レベルが低くて中小企業で働いている男性たちより長時間働いているケースが多いからだろう。大企業で働く教育レベルの高い男性たちにとって、自分の時間がもつ経済的価値はひときわ大きい。その点を考えると、そうした男性たちが家庭での時間より仕事を優先させるのは、ある意味で理にかなっている。

ところが、皮肉なことに、育児休業制度が最も整備されているのは、大きな会社に勤める教育レベルの高い正社員だ。二〇一六年の厚生労働省のデータによれば、社員数五〇〇人以上の会社の一〇〇％が育児休業制度の規定を設けている（社員数五〜二九人の会社は七二・七％）。しかし、私たちがおこなったインタビュー調査の回答者たちが指摘したように、制度があることと、その制度を実際に利用できるかどうかは別問題だ。市場でライバル企業と激しく鎬《しのぎ》を削っている大企業では、とりわけ制度を利用することが難しい。

職場の同僚の影響

永瀬さんと私がとくに知りたいと思ったのは、職場における規範、言い換えれば、職場のほかの男性たちの行動が男性の家事分担に及ぼす影響だ。第2章では、男性として職場で育児休業を取得しやすいかどうかを考える際（雇用主が社員の育児休業の申請を拒否することはそもそも違法なのだが）、ほかの男性たちの行動を基準に判断するという趣旨のことを述べた日本人男性たちを何人も紹介した。同じように、職場の同僚男性たちが家庭で無償労働をどれくらい分担しているかも、男性たちの家庭での行動に影響を及ぼすのだろうか。

私たちの研究では、男性が家事にどれくらい積極的かは、社会規範、つまり周囲の人たちの「当たり前」に大きく左右されるという仮説を立てた。職場の同僚男性たちが家庭で家事や育児をほとんど分担していなければ、そのような人たちに囲まれて働いている男性も自分の家庭であまり家事や育児を担わないのではないか、と予想したのである。性別役割分業の規範（夫が稼ぎ手の役割を担い、妻が家事や育児などのケアの役割を担うのが当然という考え方）は、このようにして浸透し、定着していくからだ。

ここでもうひとつ見過ごせないのは、大きな会社で働く日本人男性が「理想的な社員であるためにこうあるべきだ」という職場の規範にも従わざるをえないことだ。日本の大企業で働いている人たちは、ほぼ自社内での昇進という形でキャリアを発展させていく。出世争いはもっぱら、ある程度の期間その会社に在籍している人の間で競われる。こうした「内部労働市場」においては、昇進をめぐる社内の競争はときに熾烈《しれつ》を極める。とくに、男性正社員の出世競争はときにきわめて過酷なものになる。

私たちの研究により、どのようなことがわかったか。予想どおり、職場の同僚男性たちが家庭で家事を多く担っている場合は、男性の家事分担の割合が際立って大きかった。この点は、ある国における男性の平均の家事分担割合と、ひとりひとりの男性が取る行動の間に強い関連があることを指摘したヨースト・デラートとアルムデナ・セビーリャ゠サンスの研究結果にも通じるものがある（de Laat and Sevilla-Sanz 2011）。私たちの研究では、長時間労働が男性の家事分担を妨げる大きな要因であることも明らかになったが、そうした労働時間の要素を考慮に入れてもなお、「ほかの男性たちの行動」の影響は非常に大きかった。男性がどれくらい家事をおこなうかは、自分と教育レベルが同程度で、同程度の規模の会社に勤めている男性たちの平均家事労働時間と強く関連しているのである。一方、意外だったのは、共働き世帯の夫と専業主婦世帯の夫の家事労働時間に、統計上有意な差が見られなかったことだ（注）。そして、もうひとつ。共働き夫婦の場合、夫の家事労働時間が多いほど、夫婦が二人目の子どもをもうける可能性が高まるという統計上有意な関係が見て取れた。

＊注：二〇〇九年の調査結果に基づく津谷典子らの研究によると、夫の家事労働時間は、妻が職に就いていない場合よりも、フルタイムで働いている場合のほうが多かったが、妻が職に就いていない場合と、パートタイムで働いている場合では、違いが見られなかった（Tsuya et al. 2012）。また、最も所得が高い層の男性は、家庭で家事に費やす時間が最も少なく、家事の分担割合も最も小さかった。

ここまでの話から、どのような結論を導き出せるのか。まず言えるのは、育児休業と家事分担に関する男性たちの行動が職場の同僚男性たちの行動に影響されるらしいということだ。同僚男性たちが家庭生活に積極的に関わっておらず、日々の家事にあまり参加していない場合、自分自身も同様の行動を取る傾向があるのだ。加えて、私たちの予想に反して、日本の男性がどれくらい家事と育児をおこなうかは、妻の勤務時間の長さとは関係がないように見える。日本では、妻が有償の労働市場でどれくらいの時間働いているかとは無関係に、家事と育児はいまだにおおむね女性の役割と位置づけられているのだ。

どうして、日本の女性は家事の大半を引き受けるのか——妻たちの言葉

夫婦間の家事分担の割合が著しく不均等な現状について、日本の妻たちはどのように語っ

ているのか。そして、育児と主要な家事をこなすために、妻たちは職業生活でどのような調整をおこなっているのか。

私たちは最初のインタビュー調査で、『夫は外で働き、妻は家庭を守るべきだ』という考え方について、どのように思いますか」と回答者に尋ねた。すると、これは近年の多くの日本人研究者による研究結果でも見られる傾向だが、この考え方に賛成しないと答えた人の数は、賛成だと答えた人を大きく上回った。それにもかかわらず、私たちの回答者の家庭では、全国レベルの調査結果と同様、夫婦間の家事労働の分担割合がきわめて不均等になっていた。

私たちの調査では、既婚の回答者に対して、自分と配偶者の家事と育児の分担割合がどれくらいだと思うかと尋ねた。既婚女性が回答したみずからの分担割合の平均は七〇%。また、回答の中央値も七〇%だった（つまり、回答者の半分は七〇%より大きな割合を回答し、もう半分は七〇%より小さな割合を回答した）。男女の回答者全体の三分の一近くは、妻が家事の九〇〜一〇〇%を担っていると述べた。夫が妻よりも多くの家事をおこなっていると答えた人は、五〇人のうちわずか三人だった。

では、育児の分担についてはどうか。この点を子どもがいる回答者に尋ねると、妻の分担割合は平均八〇%だった（中央値も八〇%）。育児では、家事以上に妻の分担割合が大きい傾向があるのだ。また、それぞれの夫婦の家事分担割合と育児分担割合は、概して似たパターンを示すこともわかった。妻の家事分担割合が大きい夫婦では、妻の育児分担割合も大きい場合が多いのである。

図3-1に示した国際統計によれば、日本の既婚男性が家庭で担当している無償労働の割合は平均一五%にすぎない。私たちのインタビュー調査では、この割合はもう少し大きかったが、いずれにせよ、家事と育児の夫婦間格差は、たとえばアメリカなどの国と比べるとかなり大きいと言わざるをえない。アメリカの場合、この割合の中央値は五〇%。つまり、半分の世帯では妻のほうが多くを分担していて、残り半分の世帯では夫のほうが多くを分担しているのだ。

アメリカ人女性に比べて日本人女性の家事と育児の分担割合が大きいと聞けば、たいていのアメリカ人は、日本の既婚女性が怒りをいだいているに違いないと思うだろう。しかし、私たちが話を聞いた日本人女性のなかで、そのような怒りを口にした人はかならずしも多くなかった。むしろ、半分以上の女性は、男女の家事分担割合に大きな格差があることを合理的だと考えていた。夫が長時間働いていることを考えると、それは「仕方がない」ことだと述べた女性も多かった。

私たちが話を聞いた既婚男性の労働時間は、週平均四八時間。これは、日本の全国平均と大きく変わらない。帰宅時間はだいたい夜八時以降。九時三〇分より遅くなることが多いという人も少なからずいた。妻たちはおおむね、夫が職場で長時間労働の規範に従わざるをえないことを理由に、夫が家事や育児に多くの時間を割くことは無理だと考えていた。妻がフルタイムで働き続けている家庭では、それを可能にする条件が夫の家事参加以外に整っている場合が多い。妻の親が熱心に育児を手伝ってくれたり、職場で時短勤務を選択したりしているのだ。家事と育児の重い負担をすべてこなすために、みずからの職業上の夢に関して妥協した女性も少なくない。私たちのインタビュー調査時に妻が育児休業中だったケースでは、おのずと妻がほぼすべての家事と育児を担っていた。

私たちが話を聞いた女性たちは、家事と育児をほぼすべて引き受けるケースが多かっただけでなく、ほとんどの場合、夫を非難していなかった。そのような状況は夫の責任ではなく、長時間労働を強いる日本企業の責任だと考えているのだ。私が以前発表した共著論文では、夫婦ともに現状を仕方がないと考えている状況を「男性過重労働の暗黙の容認」と呼んだ(Brinton and Oh 2019)。一生懸命に仕事に打ち込んで、一家の主たる稼ぎ手の役割を担うことこそ、既婚男性の理想像だとみなす結果、男性の回答者も女性の回答者も概して、夫の労働時間が長く、家事参加が少ない状況をやむをえないことと考えているのだ。

回答者はほぼ例外なく、男性が現在のような働き方をすることは——週五〇時間近く仕事をし、夜遅くまで帰宅できない日々を送ることは——避けられないと考えていた。妻たちのなかには、現状の家事分担のあり方にいささかの不満を述べた人たちもいたが、その状況を改めたいという意欲を示した人はほとんどいなかった。九〇％対一〇％という分担にそれほど不満はないと述べた人も多かった。

第2章で紹介したシノのケースを見てみよう。すでに述べたように、シノは、将来子どもができたとき、夫が育児休業を取得することを好ましいと思っていない。職場で悪影響があるのではないかと恐れているからだ。自分の夫に限らず、男性の育児休業全般に対してもきわめて否定的な考えをもっている。その理由として挙げたのは、一般に男性のほうが女性よりも所得が多いことだった。シノは金融関連企業の事務職員としてフルタイムで働いていたが、家事の九〇％を担っていた。もっと夫が家事をやってくれたらいいのにとは思うけれど、夫は長時間働いているので、期待することはやめたという。二〇一二年に話を聞いたときには、こう語っていた。「時間がないうえに、疲れているので……。休みの日も家で仕事をしていたりします。パソコンでやっています。（コンビニ業界という）業種の性格上、年中無休なんです。休日でも関係なく、仕事用の携帯に朝からメールがバンバン飛んで来ます。店舗からも電話がかかってくる。きっと気が休まらないでしょうね」。

シノと夫は結婚前、夫が家事の一部を担当することで合意していた。ところが、夫の仕事があまりに過酷で、その約束を果たすことがほぼ不可能な状況だった。シノは、これを仕方がないことと考えている。私たちとの会話から判断する限り、ユーモアの精神をもって現実を受け入れているようだ。結婚する前に家事分担について夫と話し合った点で、私たちが話を聞いた妻たちのなかでシノは例外的な存在だった。しかし、シノもそのほかの女性たちも、もっと均等に家事を分担するように状況を改めようとしたり、夫に勤務時間を減らすように求めたりはしていなかった。また、家事を外注して、誰かに掃除などを任せることにも、妻たちは前向きでなかった。ほとんどの人は、家事や育児のために「他人」を家の中に入れたくないと思っているのだ。

妻が仕事を調整するのが当たり前？

ほとんどの夫婦が家事と育児の分担について話し合っていないことに加えて、アメリカ人である私が強い印象を受けたことがほかにもあった。私たちが話を聞いた日本の女性たちのほぼ全員が、家庭を優先させるために自分が仕事を調整しなくてはならないと考えていたのだ。女性たちはおおむね、そうすることが当たり前だと思っていて、実際にそのとおりに行動していた。

二〇一二年当時、シノはフルタイムの会社員として、たいてい夕方五時か六時頃まで働いていた。一方、夫は朝八時三〇分には職場に着き、夜は一一時頃まで帰ってこない日も多く、日付が変わってから帰宅することも珍しくなかった。「待っている日もあるけれど、自分だけ食事を済ませて、あとは主人のごはんを用意しておいて先に寝ることが圧倒的に多いです」。子どもが生まれたらどうしたいかと尋ねると、仕事は続けたいとのことだった。「時短で働きたいです。でも、正社員ではあり続けたいですね」。

私たちのインタビュー調査では、理想の生活を送る妨げになる要素があるかをかならず尋ねている。その問いに対して、シノはこう語った。「時短勤務にしたとしても、主人の帰りが遅いので、結局は一人で育児をすることになると思います。それはちょっと体力的にきついかなと感じますね。頑張ってもっと早く帰ってくるようにすると夫は言っていますが、実際どうなるかはわかりません（笑）。いまの日本では、子どもが小さいから父親が早く帰るという発想がまったくないので、理解が得られないでしょう。そういう理解のある職場や環境があればいいのですが」。子どもができた場合、どのように育児をおこなうつもりかと尋ねると、こんな言葉が返ってきた。「できる限り手伝ってくれるとは思うんですけれど、割合は八対二ぐらいになると思います。本当はもっとやってほしい。六対四ぐらいで。その差が生まれる理由はさっきと同じですね。夫が疲れていて、時間がないのです」。

シノの家庭の時間の過ごし方、とりわけ夜の時間帯の過ごし方は、私たちの回答者の間で典型的なものだった。第4章で述べるように、三歳未満の子どもがいる正社員が時短勤務を選べる制度は、妻が正社員として働いている家庭でも、平日の夜に母親だけが子どもと過ごす状況を継続させる結果を招いている。

しかし、前出の加藤承彦らの研究が指摘しているように、「夫が赤ちゃんの入浴などの育児を積極的におこなったり、一日でいちばん慌ただしい時間帯に夫が家にいて、子どもの世話をいとわなかったりすれば、母親たちの肉体的・心理的負担が軽減される可能性が高い」(Kato et al. 2018: 305)。実際、私たちの聞き取りに対して、子どもがいる女性の多くは、せめて週に数日でも、子どもの入浴に間に合う時間に夫が帰ってきてほしいと述べている。

選択の神話

私たちが話を聞いた日本の男女のなかに、家事と育児の分担方法を積極的に話し合ったり、主体的に「選択」したりしたと語った人はほとんどおらず、現在の形態以外に選択肢がなかったという趣旨のことを述べる人が多かった。妻が家事の大半を担わない限り、夫の職業生活に深刻なダメージが及ぶと恐れているのだ。現状に納得しているとか、納得していないと語るのではなく、多くの回答者は、現状のような分担になっている理由を説明しようとした。

私たちがはじめて話を聞いたとき、チエはある官庁で有期雇用の事務職員としてフルタイムで働いていて、夫は航空会社の貨物部門で営業の仕事をしていた。チエはこう述べた。

「もう少し早く帰ってきてほしいし、家に仕事を持ち帰ってノートパソコンを開いたりはしてほしくありません。ダイニングテーブルに書類がひっくり返っていてほしくはない。でも、仕方がありません。それも仕事のうちだし、彼がすき好んでやっていることだから」。

夫婦間の家事労働の分担がきわめて偏っている理由として回答者の男女が挙げた要因は、きわめて注目すべきものだった。ほとんどの人の頭のなかで、「男は仕事、女は家庭」という古い考え方に代わって、それと似ているけれど微妙に異なる考え方が広まりはじめていることが浮き彫りになったのだ。その考え方とは、男性が出世して昇給するためには過酷な仕事に耐えなくてはならない、というものである。この発想は、男性が育児休業を取得できない理由として、回答者が挙げた要因と非常によく似ている。

予想どおり、男性が多い職場で働いている男性たちは、家庭でもっぱら女性が家事を担うことを支持する傾向がとくに強かった。同僚のほぼすべてが男性だというダイキは、最初のインタビュー調査でこう述べた。「ダメな日本人男性、昔ながらの日本人サラリーマンみたいに、ぼくも家のことは土日以外なにもしていないです」。こう言ったあと、少し間を置いて言い直した。「いや、土日もあんまりしていないです」。職場にいる数少ない女性社員は、「独身の人だけ」だという。「家のことまではぜったいに手が回らない仕事なので」。

一見すると、日本人はこのような生き方を自由に選択しているように見えるかもしれないが、よく話を聞いてみると、家庭での無償労働が主に妻の肩にのしかかっている状況は、男性の労働環境による制約が原因だという のだ。回答者たちが当然のこととしてそうした事情を語っていることは、そのような制約が深く根を張っている証拠と言えそうだ。「職場の横暴」とでも呼ぶべき状況が存在しているのである。この点は、家庭における男性の役割（育児休業の取得と家事・育児への参加）について語ったほとんどの回答者の言葉に見て取れた。形ばかり「イクメン」を持ち上げる風潮はあるけれど、多くの人々の生活の実態はそれとはかけ離れているのだ。

変わる女性、変わらない男性

本章で見てきたように、日本の女性の週平均労働時間は男性とほぼ変わらないが、その労働時間に占める無償労働の割合は、男性とは比較にならないくらい高い。ところが、このように家庭における無償労働の負担がきわめて重いにもかかわらず、過去数十年の間に、出産後も有償労働を続ける女性の割合は増え続けている。その大きな原動力になったのは、日本政府が導入した育児休業政策だ。第2章で述べたように、日本の男性も女性も育児休業の制度に強く賛同している（ただし、それはあくまでも育児休業を取得するのが女性の場合。男性の育児休業となると、話が変わってくる）。二〇〇一年に最初の出産を経験した女性のうち、六カ月後に働いていた人の割合はおよそ四人に一人にとどまっていたが、二〇一〇年にはじめて出産した女性は、この割合が四〇％近くに達している。その最大の要因は、育児休業制度の充実により、母親たちが正社員として職場に復帰しやすくなったことにある。

一方、日本の男性の多くは、いまだに「稼ぎ手の足枷《あしかせ》」と「職場の横暴」に縛られていて、職場の規範に従い、一生懸命働いて家族のためにお金を稼ぐことこそが、男性のあるべき姿だと思っている。私たちのインタビュー調査からは、日本の男女がどのような思いをいだきながら、男性の生き方に関する社会の「当たり前」に対処してきたかが見えてくる。男性の生き方は高度経済成長期の「理想的な社員」のモデルからほとんど変わっていないが、女性の生き方は大きく変化した。結婚・出産後も働き続ける女性が多くなった。政府の政策と多くの企業の方針が変わったことにより、以前に比べれば、女性が家事や育児をこなしつつ、有償労働に携わりやすくなったのだ。

日本の政府や企業は、職をもつ母親たちのニーズに対応する一方で、父親たちには昔のままの硬直的な扱いを続けることにより、意図せずして、二人以上の子どもをもうけようとする夫婦が増えることを妨げているのかもしれない。女性の待遇だけ改めて、男性に同様の権利を認めなければ、共働き夫婦では、男性が仕事にすべてのエネルギーを注ぎ込んで疲れ果てて、女性が有償労働を続けつつ、家事と育児の八〇〜一〇〇％を担うことにより疲れ果てることが避けられない。

次の第４章では、職をもつ女性が増えたために出生率が低下したという主張が誤りであることを指摘したい。日本の出生率に悪影響を及ぼしているのは、男性が仕事と家庭を両立させづらい状況をつくり出している職場の方針や環境なのだ。日本の企業は、男性社員に「理想的な社員」であることを期待し、「男性は一家の主たる稼ぎ手でなくてはならない」という観念に合わせて行動するよう促してきた。本章で示したように、日本の女性たちはおおむね、このような社会の「当たり前」を受け入れてきた。夫婦間の家事分担が著しく不均等な状況を、夫の厳しい職場環境を考えれば合理的な選択だと考えてきたのである。

以上のような日本の男性、女性、雇用主の態度は、性別役割に関する固定観念をますます強固なものにしている。その結果、仕事と家庭の両立を支援する政策が採用されてはいても、母親たちはなかなか「理想的な社員」になれない。一方、父親たちは、職場の厳しい要求（しばしば多くの時間を奪われる）に対処しなくてはならず、出産後の妻を心身両面で支援することが難しい。そのような男女を支援するために、もっとよい方法はないのだろうか。

第4章　日本の職場慣行のなにが問題なのか

働く女性が多い国は出生率が低い？

二〇〇七年、当時の柳澤伯夫《やなぎさわはくお》・厚生労働大臣が女性を「産む機械」と呼び、物議を醸した。たとえば、この言葉を「女性は職に就くなどして家庭の外で活躍するよりも、子どもを産むことを優先すべきだ」という趣旨と受け取った人たちもいた。このような解釈の前提には、「働く女性が多い国は出生率が低い」という考え方がある。柳澤の発言は差別的だと批判されたが、日本の出生率が低いのは女性の社会参加（とりわけ労働市場への参加）が活発になった結果だと主張する人は少なくない。しかし、そのような考え方はそもそも正しいのか。

この問いの答えはノーだ。第3章で述べたように、日本の出生率が低いのは、男性があまり家庭生活に関わらないこと――具体的には、男性の育児休業取得率が著しく低いこと、そして男性の家事・育児の分担割合が非常に小さいこと――と直接的な関係がある。ところが、「働く女性が多い国は出生率が低い」と思い込んでいる人が多い。

そこで、本章ではまず、この考え方が間違っていることを示したい。そのあと、真の問題に目を向ける。その問題とは、男性社員を「ケアレス・マン（ケア不在の男性）」として扱う職場慣行だ。ケアレス・マンとは、家事や育児などのケア労働に関心を払わない男性を表現するために、経済学者の久場嬉子《くばよしこ》が考案した言葉である。

女性の就労と出生率の関係

「働く女性が多い国は出生率が低い」という主張は、ある時期までは正しかった。一九七〇年代と八〇年代のポスト工業社会では、女性の労働市場への参加率が高い国で出生率が低い傾向が見られたのだ。ところが、社会人類学者たちの予想を裏切り、一九九〇年頃にはこの傾向に変化が生じはじめた（de Laat and Sevilla-Sanz 2011; Rindfuss, Guzzo, and Morgan 2003）。女性の労働参加率が高い国ほど、出生率が高い状況が生まれたのである。

図4-1は、一九八〇年と一九九〇年、そして二〇一七年の時点での各国の状況をまとめ

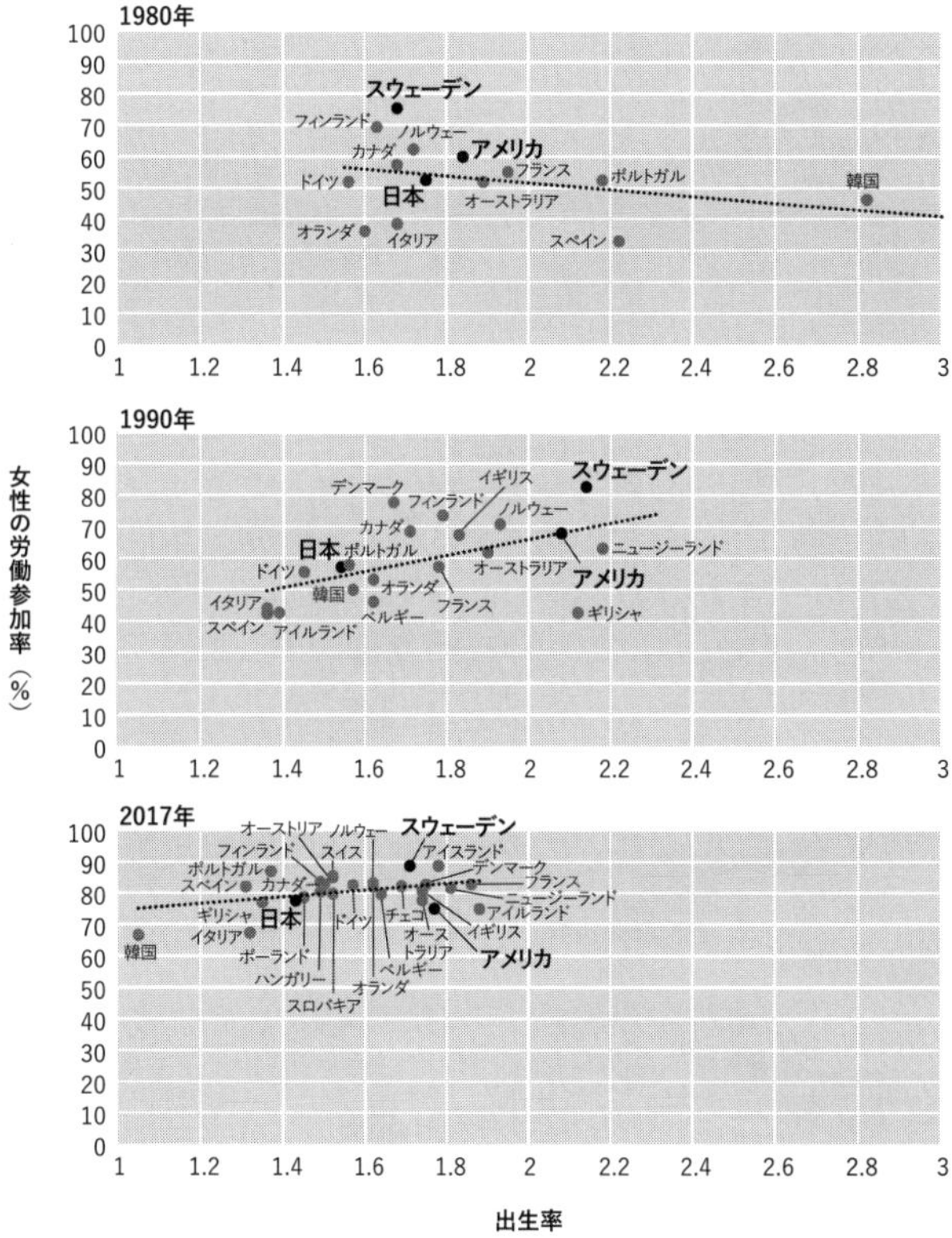

図 4-1

**ポスト工業社会における女性の労働参加率と出生率
（1980 年、1990 年、2017 年）**

出典：OECD (various years). Labour Force Statistics by Sex and Age. OECD Employment and Labour Market Statistics (database) Retrieved from https://doi.org/10.1787/data-00310-en

Human Fertility Database. Fertility Rates. Retrieved from https://www.humanfertility.org/cgi-bin/main.php

たものである。この図を見ると、一九八〇年と一九九〇年の間に目を見張る変化が起き、その状況が二一世紀に入っても続いていることがわかる。二〇一七年までに、女性の経済活動への参加率は、図に示したほぼすべての国で大幅に上昇した。一方、出生率は全般的に下落しているが、働く女性の割合が高い国ほど出生率が高いという関係は変わっていない。

この図では、日本、アメリカ、スウェーデンの三カ国を太字で示している。次章では、この三カ国を詳しく比較検討する。図を見れば明らかなように、一九八〇年の時点では、女性の労働参加率はスウェーデンのほうが日本よりはるかに高く、出生率は日本のほうが若干高かった。その後、日本では女性の労働参加率が上昇し、出生率は落ち込んだ。一方、スウェーデンでは、女性の労働参加率と出生率の両方が高い水準を維持している。

一九八〇年以降、どのような変化が起きたのか。図には反映されていないが、ポスト工業社会のなかで女性の雇用の質が男性より低い国は、出生率がとりわけ低い。日本、韓国、ギリシャ、イタリア、オランダ、ポルトガルといった国々（図4-1の二〇一七年の図で左側に位置している国々）がそれに該当する。これらの国々では、職に就いている女性は多いが、管理職に就いている女性や、権限が大きくて社会的地位の高い職に就いている女性は非常に少ない。しかも、男女の賃金格差も依然として大きい。同様の仕事をしていても給料に大きな差があるのだ。

男性が家庭で無償の家事労働に費やす時間が少ない国で出生率が低い傾向があることは、第３章で指摘したとおりだが、出生率が低い国は、労働市場におけるジェンダー不平等も大きいのである。この点について、さらに詳しく見ていこう。

ジェンダー平等が進んでいない日本

二〇〇九年、権威ある科学誌『ネイチャー』に、ヨーロッパの著名な社会人類学者であるミッコ・ミュルスキュラ、ハンス＝ペーター・コーラー、フランチェスコ・C・ビラリによる非常に重要な論文が掲載された。この論文が示したのは、国の経済が発展するにつれて出生率が低下するという、よく知られた事実だけではなかった。驚くべきことに、ほとんどのポスト工業社会では、経済発展がきわめて高いレベル（生活水準、健康状態、教育レベルを基準に判断）に達すると、出生率が若干上昇するというのである。

このパターンに該当しない国は、二カ国だけだった。その二カ国とは、どこだと思うだろうか。それは日本と韓国である。ミュルスキュラらは、日本および韓国とそれ以外の国々の間の大きな違いに気づいた。日本と韓国は、ほかの国々に比べてジェンダー平等の度合いが低いのである。つまり、ポスト工業社会では、経済発展のレベルがきわめて高く、しかもジェンダー平等が高い水準に達している場合、出生率が高くなるのだ。残念ながら、日本の状況はこれに該当しない。

二〇〇六年以降、世界経済フォーラムは毎年、国ごとの男女格差の大きさを比較した「ジェンダーギャップ指数」を発表し、世界の国々のランキングを作成している。二〇二二年のランキングでは、韓国は一四六カ国のなかで九九位。日本はそれをさらに下回る一一六位だった。この指数は、「健康」「教育」「経済」「政治」の四分野でジェンダー平等の達成度を分析している。四つの分野ごとに見ると、日本は「健康」「教育」より「経済」「政治」の順位が低い。経済と政治における男女平等が健康と教育の分野よりも大きく後れを取っているのだ。しかも、このランキングでの日本の順位は、二〇〇六年の初回調査以降、おおむね下落傾向にある（二〇〇六年は一一五カ国のなかで七九位だった）。その主たる理由は、ほかの国々で経済と政治の分野におけるジェンダー平等が進展したのに対し、日本ではこれらの分野における不平等が依然として大きいことにある。

このランキングで日本と韓国がきわめて低い順位に沈んでいることは、ミュルスキュラらの指摘を裏づけている。ある国の経済発展のレベルと出生率の関係を考えるうえでは、ジェンダー平等の達成度も考慮に入れる必要があるのだ。ミュルスキュラらはこう結論づけている。「経済発展のレベルが高い国では、政府がジェンダー平等を向上させる、もしくは労働市場への参加などの経済的成功と家庭生活を両立させやすくするための政策を採用することにより、出生率の下落傾向を明確に改められるのかもしれない」（Myrskylä et al. 2009: 742）。日本と韓国は、ジェンダー平等を後押しし、仕事と家庭の両立を支援する仕組みをつくれずにいるために、経済発展のレベルがきわめて高いにもかかわらず出生率が著しく低いという「例外的なパターン」に陥っているのかもしれないと、この論文は指摘している。

どうして、女性の労働参加率の高い国がそうでない国より高い出生率を記録するようになったのか。ヨースト・デラートとアルムデナ・セビーリャ＝サンスの研究によれば、そのような国では男性が家事労働に参加するのが当たり前だという強力な社会規範が形づくられていることが原因だという。「社会全体で男性が家庭内生産［家事と育児］に関わる度合いが高い状況を背景に社会規範が形成されていて、それにより男性の（家事労働への）さらなる貢献が促進されているのかもしれない。その結果として、女性が労働市場に参加しつつ、比較的多くの子どもを産み育てることができている可能性がある」（de Laat and Sevilla-Sanz 2011: 112）。

男性の家事労働への貢献が非常に大きな意味をもつという認識を基に、デラートとセビーリャ＝サンスは、「女性の有償労働と育児の両立を目指す旧来の労働市場政策では、目的を達するうえで不十分なのかもしれない」と指摘している（傍点は原文）。そのような政策では女性の労働参加率が上昇せず、国の出生率が上昇しない、というのだ。この点は、ジェンダー平等の度合いの低い国にとりわけ当てはまるという（デラートとセビーリャ＝サンスはそのような国を「非平等主義的な国」と呼んでいる〔de Laat and Sevilla-Sanz 2011: 113〕）。この研究では、男性の家事分担割合が増えるように社会規範を改めることがきわめて重要だと主張している。具体的には、「男性の家事労働への参加を促す効果があるかもしれない政策上の手段としては、男性の育児休業期間を長くしたり、幼い子どもがいる男女の勤務時間の柔軟性を高めたりすることが考えられる」（de Laat and Sevilla-Sanz 2011: 113）とのことだ。

ミュルスキュラらの理論研究と、デラートとセビーリャ＝サンスの実証研究には、日本の政策立案者にとって非常に重要なメッセージが含まれている。有給の産休・育休、時短勤務、柔軟な勤務時間など、もっぱら女性が利用することを前提にしている制度によっては、女性の労働参加率を向上させ、国の出生率も引き上げるという目標を達成できない可能性が高いのだ。男性を抜きにして問題は解決しない。男性が育児休業を取得し、家事をもっと積極的におこなうようにならない限り、日本の出生率はきわめて低い水準のままだろう。

日本の職場慣行や職場環境、政府の制度や政策は、どのようにジェンダー本質主義を――男性が家庭生活にあまり参加せず、女性の主たる役割はあくまでも家庭でのケア労働で、働き手としての役割は副次的なものとされる状況を――助長しているのか。まず、日本の大企業にしばしば浸透していて、一見すると男女関係ないように思える慣行のいくつかについて検討したい。それらの慣行は、日本の会社員が厳しい制約の下で働かざるをえず、職業生活に関わる重要な意思決定を主体的・自律的におこないにくい状況を生み出している。その結果として、多くの人は自分と家族にとって最善のワーク・ライフ・バランスを実践することが難しくなっている。

単身赴任という悪しき慣行

最初に取り上げる企業慣行は、単身赴任だ。第2章で、大手化学メーカーの男性社員の事例を紹介した。この男性は、二〇一九年に一ヵ月間の育児休業を取得して職場に復帰すると、わずか数週間後の遠距離転勤を言い渡された。妻と相談する時間が欲しいと言っても、会社はそれを受け入れなかった。

二〇一七年に労働政策研究・研修機構（JILPT）が発表した調査結果によると、社員数三〇〇人以上の日本企業の三社に二社は、正社員の一部を外国や国内のほかの地方に転勤させている。それらの企業のうち、転勤の決定に際して社員自身の希望を考慮すると答えた会社は二〇%に満たなかった。転勤を言い渡された社員の半分以上は、単身赴任を選択する。家族の生活や子どもの教育に悪影響が及ばないようにするためだ。最も転勤が多いのは、大企業で働く大学卒の男性社員。さまざまな土地での勤務を経験し、新しい職責を担うことが人材育成の面で有益だと考えられているためだ。

人事異動の理由は、社員本人には説明されない場合が多い。しかも、新しい職務では、その人物がもっていない専門的スキル（たとえば統計分析など）が必要になることも珍しくない。このようなやり方は効率的とは言えず、異動したばかりの社員が未経験の分野で不幸な失敗をしてしまう場合も多い。

単身赴任している日本人は、常時一〇〇万人ほどに上ると推定されている。この状況は、企業の効率性の面で問題があるだけでなく、本書のテーマに関連しても見過ごせない。もし、日本の企業慣行のなかで家庭生活に最も大きな害を及ぼしているものはどれだと思うかと尋ねられれば、私はそのひとつとして転勤を挙げたい。

夫婦の片方が遠くに長期間移住することになった場合、ただでさえ不均等な夫婦の家事分担にどのような影響が及ぶだろうか。ワーキングマザーは、夫の転勤にどのように対処しているのか。子どもがいる夫婦の場合、夫が単身赴任すれば、妻はシングルマザーと変わらない状態になる。育児や家事など、日々の生活のあらゆることに一人で対処しなくてはならない。私たちが最初に話を聞いたとき、既婚で子どもをもっていなかったマサコは、この点を心配していた。「夫が転勤になって、近所の人たちのこともよく知らないなかで私が一人で子どもを育てることになれば……子育てはとても難しいと思います」。

もし国の目標が出生率を下げることであれば、転勤はその目標を達するうえで打ってつけの方法だと言えるだろう。妻たちは、そうでなくても家事と育児のかなりの割合を担っていて、職をもっている女性はことのほか多忙な日々を送っている。もし夫が遠くの土地で生活することになれば、夫に家の用事をいっさい頼めなくなり、妻の日常はますます過酷になるだろう。このような状況で合理的な選択は、（世帯所得の減少に耐えられるのであれば）妻が仕事を辞めるか、子どもをもうけるのを遅らせたり、諦めたりすることかもしれない。政府が出生率と女性の労働参加率を高めたいと考えているのであれば、単身赴任ほどひどい制度はないだろう。

ジェンダー平等への悪影響も見逃せない。男性正社員と結婚している女性正社員（とくに子どもがいる女性）がみずからの転勤を受け入れる確率は、女性正社員と結婚している男性正社員よりはるかに小さい。日本企業が転勤を通じて有望な社員の能力開発をおこなっていることを考えると、このような状況ではもっぱら男性社員のスキルだけが高まることになる。その意味で、転勤制度は間接的に女性を差別する結果を招いているのである。

転勤の弊害は、夫婦の家事分担の不均等をますます深刻化させ、社会の出生率を押し下げ、職場のジェンダー平等を悪化させていることだけではない。企業の採用活動にも悪影響が及ぶ。学生向けに就職情報を提供している企業のマイナビは毎年、大学三年生と大学院一年生を対象に「大学生就職意識調査」を実施し、就職活動で「行きたくない会社」はどのような会社かと尋ねている。それによると、「転勤の多い会社」を嫌う傾向が過去二〇年間で強まっている。最も嫌われているのは「ノルマのきつそうな会社」だが、「転勤の多い会社」と「休日・休暇が取れない（少ない）会社」を嫌う学生の割合は、二〇年前に比べて際立って上昇しているのだ。

集権型の人事制度

社員本人の状況を考慮せずに転勤が言い渡される背景には、日本の大企業で人事部が強大な権限を握っているケースが多いという事情がある。社員の異動や人材育成に関して、人事部の決定権がきわめて大きいのだ。経済学者の八代尚宏《やしろなおひろ》は、そうした人事部の権限を分権化すべきだと強く主張してきた（八代 1998, 2015）。ひとりひとりがどのようなキャリアの道筋を切り開き、どのように専門技能を磨くかについて、社員自身がもっと権限をもつべきだというのである。そのようなスキル開発のあり方は、高度経済成長期の典型的な日本型人事制度とは対照的だ。経営学者の平野光俊《ひらのみつとし》は、そうした日本型人事制度をかならずしも支持しているわけではないが、「組織志向」の強い集権型の人事制度の下では、「全社的視点に基づく体系的な人員配置」をおこないやすかったと指摘している（Hirano 2013: 83）。

八代尚宏がもうひとつ疑問を投げかけている慣行がある。それは、日本企業で社員の職務内容が定められていなかったり、曖昧だったりする場合が多いことだ。八代はパリのOECD本部で働いていたときに経験した働き方を紹介している。OECDの職員たちは、自分の責任範囲の仕事が終われば夕方の早い時間に退勤し、頻繁に残業することはなかったというのだ。それに対し、多くの日本企業のように社員の職務内容が曖昧な場合は、本人も上司も、ひとりひとりがどれくらい職務を果たせたかを判断することが難しい。このような状況では、勤務時間の長さが社員の評価基準になりやすい。

日本の大手金融機関に勤めていて、アメリカの一流ビジネススクールのMBAプログラムに留学中のミホは、この点に関する欧米企業と日本企業の違いについて語っている。「欧米の文化では、働く人たちは特定のスキルをもっていることが期待されていて、職務内容が明確に定められています。日本は違います。職務内容なんて、あってないようなものです」。

社会学者の山口一男《やまぐちかずお》も八代と同様に、社員自身の願望や自己評価、嗜好《しこう》などをほぼ無視する旧来の日本型雇用慣行を批判してきた。「社内の人事異動において、従業員のインセンティブや意志は尊重されていない。人事上の決定は、経営陣の指示の下で人事部がおこなう」と、山口は指摘している（Yamaguchi 2018: 8）。

業務マネジメント（の失敗）

社員の家庭生活と職場のジェンダー平等に悪影響を及ぼしている企業慣行としては、残業抜きでは成り立たない業務マネジメントのあり方も問題だ。二〇一八年六月に、日本の国会で働き方改革関連法が成立した。この法律の主たる狙いは、残業時間に上限を定めること、そして正社員と非正規社員の不合理な待遇格差を是正することにある。日本政府は働き方改革に乗り出すことにより、高度経済成長期の働き方が今日の社会と家庭にとって最も生産的だとは言えなくなったことをはっきり認めたと言えるだろう。

この新しい法律の下、残業時間は原則として月に四五時間までに制限され、繁忙期以外に上限を超過した企業には罰則が科されることになった（罰則の適用は、大企業は二〇一九年四月、中小企業は二〇二〇年四月からとされた）。日本企業で典型的な長時間労働を是正し、労働時間を減らすことが目的だ。また、一見すると些細なことに思えても実は重要な点として、この法律では、企業に対して社員の労働時間を「客観的方法」により把握することも義務づけている。

こうした働き方改革により、労働時間は減るのだろうか。企業が法律を守れば、少なくとも管理職以外の労働時間は減るだろう。しかし、私たちが二〇一九〜二〇年におこなったインタビュー調査で回答者が語った話によれば、企業は社員に膨大な量の仕事を課している場合が多いようだ。そうだとすれば、労働時間だけ減らしても意味がないかもしれない。現状で社員の生産性が著しく低く、労働時間を大幅に減らしても仕事を完了できるのならともかく、そうでなければ、労働時間を減らすことにどの程度意味があるのか。国際的に見て日本人の時間当たりの生産性が低いことは事実だが、いま課されている量の仕事を現状より大幅に短い時間で完了するというのは現実的ではないだろう。

アカネは、日本のコンサルティング会社で二年間働いたあと、アメリカにやって来た。日本の働き方改革についてどう思うかと尋ねると、こんな答えが返ってきた。「日本の大企業で働いている友人たちによると、抜本的な変化は起きていないようです。企業は形式だけルールに従っているにすぎません。たとえば、オフィスの照明を消すので夜七時までに退勤してほしいと社員に求めたり、オフィス以外で会社のノートパソコンを使わないように言い渡したりするようになりました。その結果として、社員がタブレット型端末を買って自宅で仕事をしている場合も多いそうです。こうした問題の核心は、日本の仕事文化が業績主義でないことにあります。ひとりひとりの生産性を評価しようとしないのです。社員にくだらない仕事をさせ続けている限り、仕事の場が自宅に変わることはあっても、働き方改革は大した成果を生まないでしょう」。

企業が社員に課す仕事の量を減らさなければ、労働時間を減らそうという試みは功を奏さないだろう。むしろ、さまざまな不幸な結果を招きかねない。たとえば、それまで部下がやっていた仕事の一部を中間管理職が肩代わりする羽目になったり、会社側が社員の労働時間をあえて正確に把握しようとしなかったり（あるいは社員が正確に報告しなかったり）する可能性もある。

二〇一九年に大企業で残業規制の罰則適用が始まったとき、企業側がまずおこなったのは、決まった時間にオフィスを消灯し、社員に帰宅を命じることだった。しかし、社員に課す仕事の量を減らしていない会社では、この戦略は実効性をもたなかった。報道によれば、翌日までに仕事を仕上げるために自宅に仕事を持ち帰ったり、デスクの下に隠れて帰宅時間をやり過ごし、しばらくしてまた仕事を再開したりする人たちもいたという。

顧客絶対主義の弊害

いくつかの研究によると、企業が社員に課す仕事の量が多すぎることに加えて、顧客の求めに応じようと躍起になる企業が多いことも、長時間労働の原因になっているようだ。顧客の要求に応えようとして、理不尽に厳しい納期を受け入れている会社が少なくないのだ。

労働政策研究・研修機構（ＪＩＬＰＴ）の高見《たかみ》具広《ともひろ》は、業務に関する意思決定のあり方の違いにより、仕事の量、納期、働き手の不安がどのように異なるかを分析した。この研究により、仕事の量が多くなり、納期が厳しくなりがちな意思決定のタイプが二種類あることがわかった。ひとつは、社員の業務内容が会社や上司によって一方的に決められるパターン。もうひとつは、社員が顧客との話し合いにより、業務内容を決めるパターンだ。この二つのタイプの意思決定は、社員の時間的プレッシャーが強まり、みずからの労働時間をコントロールしにくくする。その結果、社員が「過重労働に陥る」リスクがある（Takami 2018: 53）。それに対し、社員と上司の相談や同僚同士の相談により、仕事の量と納期を決める場合は、仕事のプレッシャーと社員の不安が比較的小さいという。

日本企業で顧客を満足させるために残業をおこなうパターンは、アカネも指摘していた。「アメリカでコンサルティングの仕事をするようになって気づいたことのひとつは、マネジャーたちが顧客に『ノー』と言うことが珍しくないことです。日本のマネジャーにとって、顧客の言うことは絶対です。でも、アメリカのマネジャーは、たとえば顧客が自力でできることを頼まれたときはノーと言います。『いや、私たちの仕事は、貴社の従業員を訓練して、将来的には自力でできるようにすることです』などと伝えます。単にノーと言うのではなく、このように交渉するのです。その際は、率直に主張をぶつけます。アメリカが日本と違う点がもうひとつあります。アメリカでは、受注するプロジェクトで引き受ける仕事の範囲を交渉する過程に、幹部が直接関わります。日本では、幹部クラスが『このプロジェクトをやろう』と決めて、あとはもっと地位の低いマネジャーが顧客企業の幹部クラスと交渉しなくてはなりません。そのようなマネジャーたちは、顧客にノーと言えません。これが（長時間労働と残業を生む）構造的な要因だと思います」。

私たちがインタビュー調査で話を聞いた日本の男性正社員たちは、残業せずに仕事をすべて終わらせることをきわめて困難と感じている人が多かった。この点は、育児休業を取得したり、家事労働の時間を増やしたりすることの難しさについて語る男性たちの言葉からも明らかだ。そして、残業が当たり前という規範は、男性たちの健康に害を及ぼすだけでなく、職場のジェンダー不平等も助長している。

高見具広の研究によれば、男性社員が週平均四日以上残業している会社では、女性社員に中核的業務（対外的な交渉、事業計画の立案、部下のマネジメントなど）が割り振られることが少ないという。「残業の常態化は、その会社の企業文化の男性性を示す指標と言えるかもしれない」と、高見は指摘している（Takami 2018: 11）。それに対し、あらゆる部署で残業をおこなわない方針を採用している会社では、残業が当たり前の会社に比べて、中核的業務が男性社員と女性社員の間で均等に割り振られる傾向があった。

日本の職場で長く続いてきた慣行のいくつかは、家庭生活に悪影響を及ぼしている。長時間労働が当たり前だという規範は、多くの日本人男性の人生を過酷なものにしているだけでなく、ジェンダー本質主義的な発想も強化してきた。夫は家の外で一生懸命仕事をし、妻は仕事よりも家庭を優先させるべきだという考え方がますます根を張る結果を招いているのだ。男性の勤務時間が長く、家事や育児を分担できるような時間に帰宅できないため、そうならざるをえない。その結果として、何人かの日本人女性が述べているように、男性の家庭での役割は言ってみれば「アルバイト」同然になっている。本来は、男性も家庭の「共同創業者」であるべきなのだが。

日本の会社員がしばしば厳しい時間的プレッシャーと過酷な仕事環境の下で働いている状況は、アメリカおよびスウェーデンと比較するといっそう際立つ。この二つの国は、日本よりもかなり高い出生率を維持できている国だ。表4-1は、OECDの二〇一五年（データがある最新年）の「職業性ストレス度」調査を基に、日本、アメリカ、スウェーデンにおける「仕事の要求度」の高さ、「仕事の資源」（仕事のストレスを軽減し、職業上の能力を高めるために役立つ要素）の乏しさ、そして仕事のストレスを経験している人の割合をまとめたものである。この調査では、仕事のストレスについて明らかにするために、働き手に対する要求がどれくらい過酷か、そして、働き手が仕事の資源を活用できる機会がどれくらい乏しい

表 4-1

日本、アメリカ、スウェーデンの仕事環境の主な違い

	日本	アメリカ	スウェーデン
仕事のストレスを生む要素			
「仕事の要求度」の高さ			
週の労働時間が50時間を超える人の割合	19.1%	17.8%	3.0%
勤務時間に柔軟性がない人の割合	55.7%	29.0%	30.1%
「仕事の資源」の乏しさ			
仕事上の裁量と学習機会が限られている人の割合	76.9%	66.4%	48.9%
キャリアを前進させる機会が限られている人の割合	91.1%	57.5%	89.7%
仕事のストレスを経験している人の割合	31.2%	25.8%	23.4%

出典：OECD. Job Quality. Retrieved from https://stats.oecd.org/Index.aspx?DataSetCode=JOBQ

かというデータを参照している。

日本の職場で仕事の要求度がアメリカやスウェーデンより高いことは、週の労働時間が五〇時間を超える人の割合（日本は一九・一%、アメリカは一七・八%、スウェーデンは三・〇%）、そして勤務時間に柔軟性がない人の割合（それぞれ五五・七%、二九・〇%、三〇・一%）を見ればよくわかる。図4-2に示したとおり、週五〇時間以上働いている人の割合では、日本とスウェーデンは両極端だ。アメリカは両国の中間に位置しているが、スウェーデンより日本に近い。図に示したOECD加盟国のうちおよそ半分の国では、週の労働時間が五〇時間を超える人の割合が五%以下にとどまっているが、アメリカではその割合がそれらの国々の三倍を大きく上回り、日本では四倍近くに達している。

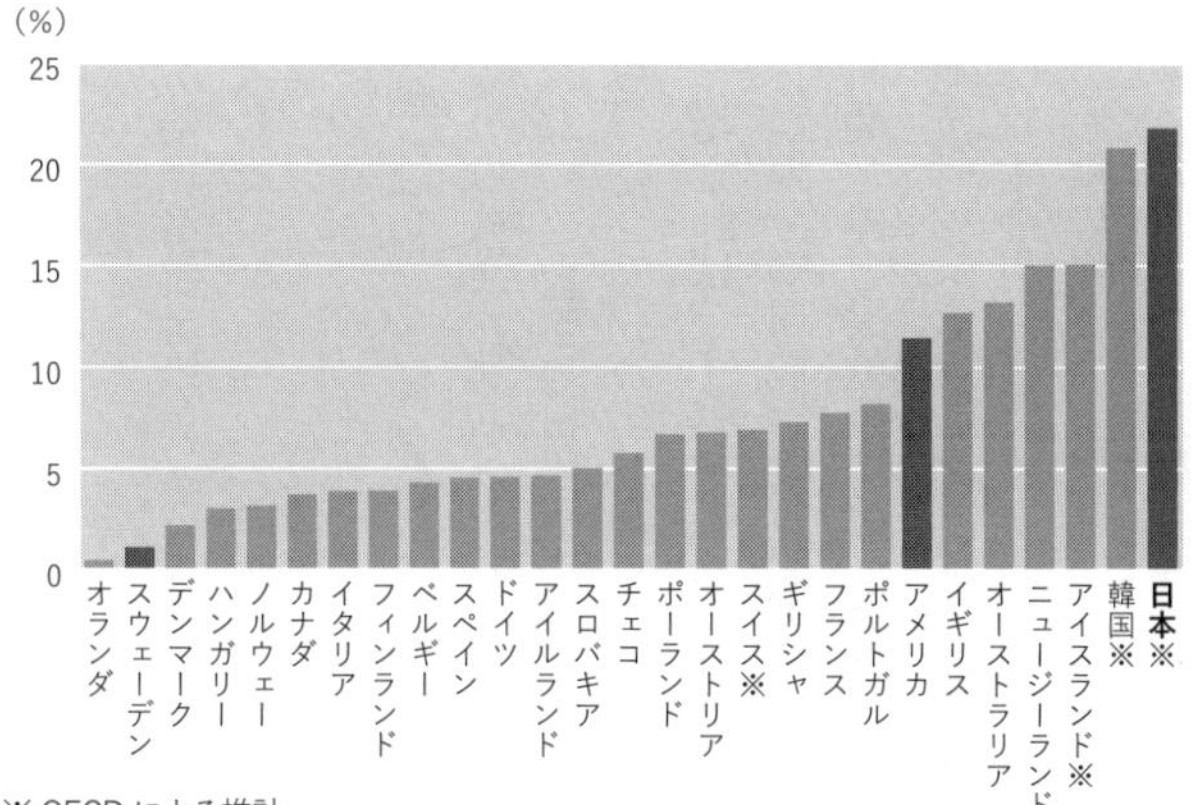

※ OECDによる推計

図4-2

長時間労働をしている人の割合
(週平均労働時間が50時間超、主なOECD加盟国)

出典：OECD. 2019. Better Life Index (Edition 2017). OECD Social and Welfare Statistics. Retrieved from https://doi.org/10.1787/678d7570-en

表4-1に目を戻すと、日本では、ほかの二カ国に比べて、仕事の裁量と学習の機会およびキャリアを前進させる機会が限られていると感じている人の割合が高い。この要素でもアメリカの状況は日本とスウェーデンの中間だが、スウェーデンより日本に近い。最後に、仕事のストレスを感じていると述べた人の割合は、日本が三一・二%、アメリカが二五・八%、スウェーデンが二三・四%となっている。

この表に示した数値は、男性と女性を合わせたデータだ。男女別に見ると、お察しのとおり、日本では、仕事のストレスを経験している男性の割合（三四・二％）は女性（二七・九％）より高い。また、この割合は、アメリカの男性（二七・九％）、スウェーデンの男性（二三・六％）を上回っている。

労働経済学者の周燕飛《しゅうえんび》は、日本の男性たちが長時間労働と柔軟性の乏しい労働条件を受け入れることにもっと消極的になれば、日本の職場のあり方が大きく変わるのではないかと述べている。「（長時間労働や予告なしの残業・休日出勤に対応するなど）会社の都合に合わせて『柔軟に』働き方を調整する男性が減れば、日本型雇用慣行は変わらざるをえなくなる。そのような変革が実現すれば、日本の雇用慣行はもっと女性にとってやさしいものになるかもしれない」（Zhou 2015: 121）。要するに、雇用主ではなくひとりひとりの男性社員が主体性をもち、いつでも会社の求めに応じるのが当たり前だという規範を打破しようとする男性がもっと増えれば、すべての人の職業生活が大きく変わるだろうというのだ。

日本の労働環境は概して、アメリカよりも過酷で、スウェーデンと比べれば著しく過酷だ。長時間労働と柔軟性の乏しい勤務時間、そして、キャリア開発の機会が乏しく、働き手の主体性が十分に認められていない環境は、男性と女性の両方に悪影響を及ぼしている。それでも、日本の男性はよくも悪くも、女性よりも時間の自由が利きやすい。勤務先の求めに応じて、労働時間をアコーディオンのように拡大させる余地が大きいのだ。

それに対して、家庭と職場におけるジェンダー不平等が著しい状況で、日本の既婚女性、とりわけ子どもがいる女性たちは、雇用主の求めに応じることが男性よりも難しい。もともと時間のゆとりがまったくない状態で日々を送っているからだ。その結果、男性も女性も疲弊しきっている。では、このような代償を払うことにより、日本の生産性は高まっているのか。残念ながら、そうとは言えない。

日本の生産性の低さ

日本生産性本部によると、二〇二〇年の日本の時間当たり労働生産性はOECD加盟三八カ国中二三位にとどまっている。OECDのデータに基づく日本の時間当たり労働生産性は四九・五〇ドル（購買力平価換算で五〇八六円）。これは、アメリカの約六割となっている。日本政府の働き方改革が掲げる目標のひとつは生産性の向上だが、日本の生産性はG7諸国（アメリカ、イギリス、イタリア、カナダ、ドイツ、フランス、日本）のなかで依然として最下位だ。この状況は、一九七〇年代以降変わっていない。むしろ、日本とアメリカの生産性の格差は年々拡大している。

日本企業の特徴は、時間当たりではなく、社員一人当たりの労働生産性を重視することにあると、社会学者の山口一男は指摘している。「日本企業は依然として、社員一人当たりの労働生産性を生産性の指標として用い、正規雇用者に長時間労働を期待し続けている。その結果として、いまだに多くの女性従業員の活用が妨げられている。こうした慣行がいかに経済的に合理的なものかは、きわめて疑問である」（Yamaguchi 2019: 174。傍点は筆者）。日本企業は、働き手が一時間にどれだけの成果を生み出したかではなく、一人の働き手がどれだけの成果を生み出したかを基準に考えているため、社員に長時間労働を求めることが当たり前になっている。しかし、家事の負担が重い既婚女性は、そうした求めに応じることができない。それができるのは男性と独身女性だけだ。

日米両国で働いた経験をもつ日本人女性たちの言葉は、この点を鋭く描き出している。ジュンコは、両国の違いをこう語っている。「私は大手コンサルティング会社で働いていました。最初は東京で勤務していたのですが、アメリカに転勤になりました。すると、まるで別の会社に来たかのようでした。日本では、上司が退勤するまで帰れませんでした。アメリカでは、そもそも同僚と顔を合わせる時間自体がはるかに少ない。朝出勤して、やらなくてはならない仕事を確認する。そして、やるべきことをすべて終わらせれば、六時に退勤できます。同僚と一緒に夕食に行くことも求められません。仕事と私生活は完全に別です。日本では、一日中、同じチームのメンバーと一緒に過ごし、平日の夜には顧客との会食も多い。ときには週末にまで会食があります」。

ボストンの有力な医療機関で専門職に就いているマユミも、アメリカの職場のあり方について語っている。「過度に一般化することは避けるべきだと思いますが、いま私が働いている職場ではすべて生産性を基準に考えます。私が何時に出勤するかとか、どれくらいの時間働くかに、上司は関心をもちません。というより、勤務時間が短いほうが喜ばれると思います。そのほうが効率的に働いていることになるので。重視されるのは生産性だけ。それ以外はチェックされません。私がワーキングマザーとしてやっていけるのは、そのおかげです」。

前出の金融機関勤務のミホも言う。「日本で個人の生産性を測るのは難しいと思います。チーム単位の仕事が多いので。それは、日本の働き方のよい点でもあり、悪い点でもあります。日本ではどんな仕事も同僚と一緒に進めます。報告書を書くような仕事も例外ではありません。欧米の企業では、ひとりひとりの課題が細かく区分されているケースが多いように思います。もちろん、上司のチェックはあります。でも、日本よりも個人の担当業務の範囲が明確に決まっています」。

日本型雇用慣行の問題

それでも、日本政府は近年、働く人たちの「多様な」ニーズ――具体的には、もっぱら女性、とりわけ子どもをもつ女性のニーズを念頭に置いているらしい――に応えるべく、このような働き方を改めるためのさまざまな措置を講じてきた。それにより、昔に比べれば出産後の母親が仕事を続けやすくなったことは間違いない。実際、第一子の出産後も労働市場から「ドロップアウト」しない女性の割合がゆるやかに上昇してきている（Matsubara 2013）。しかし、そうした政府の取り組みによっても、企業と社員の関係の根幹を変えることまではできていない。日本型雇用システムの本質は、暗黙で曖昧な合意の下、社員の職務内容に関して雇用主にきわめて広範な裁量が認められていることにあるのだ。

労働法学者の濱口桂一郎《はまぐちけいいちろう》によれば、日本企業の典型的な雇用システムの特徴は、「ジョブ型」ではなく「メンバーシップ型」である点にあるという（濱口 2011）。ひとりひとりの職務（ジョブ）を明確に定めるのではなく、正社員を会社の「メンバー」と位置づけているのだ。正社員は、会社のメンバーという地位を得るのと引き換えに、特定の職務に限定せず、上司から指示された仕事を受け入れるものとされている。

雇用主である会社が社員に雇用の安定と将来の昇給を約束し、その代わりに社員は会社に身を捧げ、会社から言い渡される職務内容、勤務時間、勤務場所を受け入れる——こうした日本型雇用慣行は、最高裁判所の判決でも支持されている。そのような判決の積み重ねにより、雇用主が正社員の職業生活をコントロールする権限が強化されてきた。雇用の安定と引き換えに、会社が人事上の決定権をほぼ独占するという仕組みが最もよく見られるのは、やはり大企業だ。

山口一男によれば、こうした上意下達型の業務の割り振りとコントロールは「その時々の状況に応じておこなわれる。職務上の権限や義務は明確に定められない」(Yamaguchi 2019: 11)。雇われている側は、雇用の安定を確保したければ、「雇用主により職務範囲を無制限に決められて、不定期に残業を課されることに伴う制約」を受け入れなくてはならない (p. 9)。これらの側面で多くの日本企業が従業員の意向に配慮していないことは、「働き手の意思を尊重しない」日本企業の姿勢のあらわれだと、山口は言い切っている (p. 9)。

本書でここまで述べてきたように、日本では、男性たちが長時間労働のせいで家事や育児にあまり時間を割けず、妻たちも夫の昇進と昇給のためにそれを「当たり前」と考えて受け入れている場合が多い。日本では仕事と家庭の両立を支援するための制度がいくつも導入されているのに、どうしてこのような状況が変わっていないのか。

その理由は単純だ。日本におけるその種の制度は、明示的に、あるいは暗黙に、「働き手のための制度」というより、「女性のための制度」と位置づけられているのだ。雇用主が男性社員の労働条件を強力にコントロールする職場慣行全般を大きく改めることはなされてこなかった。子どもをもつ女性たちが職場のルールや規範の「例外」になっただけだった。その結果として、家庭でのケア労働が女性の役割とされる状況は変わらず、男性たちは「ケアレス・マン」であり続けている。

以下では、この観点から、日本のワーキングマザーたちがよく用いる二つの制度について検討したい。

時短勤務という両刃の剣

一連の育児・介護休業法改正の一環として、社員数一〇〇人超の企業に対して時短勤務（短時間勤務）制度の導入が義務づけられたのは二〇一〇年。その二年後には、社員数一〇〇人未満の会社にも義務づけの対象が拡大された。これにより、三歳未満の子どもがいる正社員は、時短勤務の制度を利用して一日の労働時間を六時間に短縮して働けるようになった。

私たちが二〇一九〜二〇年におこなった二度目のインタビュー調査によれば、二〇一二年の最初の調査のあとで出産した女性回答者の多くが育児休業を取得し、職場復帰後は時短勤務を選択していた。それに対し、時短勤務をしていた男性回答者は一人もおらず、妻の仕事を話題にするとき以外に時短制度に言及した男性もいなかった。時短勤務を実際に経験した女性たちは、この制度の好ましい面と課題の両方を私たちに語った。

まず、私たちが話を聞いたワーキングマザーの大半は、時短制度を非常に好ましいものと考えていた。二〇一二年の調査で、多くの女性は家庭優先で働きたいと語っていた。その点、時短勤務を選択すれば、午後四時頃に退勤し、子どもを保育園に迎えに行くことができる。

小学校入学前の子どもをもつ母親たちが仕事と家庭を両立するうえで、時短勤務は重要な機能を果たしているのだ。

しかし、その一方で、時短勤務の制度が原因で、女性の働き手、とくに子育て中の女性の主たる役割は家族の世話をすることであり、職場ではあくまでも補助的な存在にすぎないという考え方が強化されている可能性が高い。家庭での育児の負担が大きな働き手、要するに子育て中の女性社員のために別の働き方が用意されることにより、男性がお金を稼ぎ、女性が家族の世話をするという「当たり前」がますます強力なものになっているのだ。

ここに、ある種のジレンマが生まれている。時短勤務には、短期的にはひとりひとりの女性が仕事と家庭を両立させやすくなるという恩恵がある。しかし、もっぱら女性だけが時短勤務を選ぶ結果として、ジェンダー本質主義が強化されて、子どもが生まれたあとも男性たちが働き方を変えずに済む状況がつくり出されているのだ。この点では、日本の女性正社員がしばしば利用するもうひとつの制度、育児休業期間の延長も同様の影響をもっている。

育児休業と保育園

私たちが話を聞いた女性のなかには、結婚後や出産後に仕事を辞めた人たちもいたが、多くは仕事を続けていた。第一子の出産後も仕事を続けた女性たちは、全員が育児休業を取得していた。二度目のインタビュー調査の際に、育児休業を取得しづらいことがあったかと尋ねたところ、ほぼ全員が「なかった」と答えた。これは、第2章で紹介した男性社員たちの状況とは大きく異なる。男性が育児休業を取得しようとすれば、「奥さんが休めばいいんじゃないの?」「アホか」などと上司や同僚から言われるだろうと語った男性たちもいた。

二〇一九〜二〇年の二度目の調査では、育児休業を取得した経験をもつ女性たちに「仕事に復帰するに当たり、難しかったことはありましたか」と尋ねた。

すると、育児休業を取ることは難しくなかったと大半の女性が述べているのとは対照的に、育児休業のあと、職場に復帰することが難しかったと答えた女性が多かった。なぜ、難しかったのか。際立って多くの女性が挙げた理由は、子どもを預ける保育園が見つからなかったというものだった。日本の公的保育制度は非常に信頼性が高く、料金も比較的安い。しかし、都市部では保育園不足が解消されていない地域が少なくない。子どもを保育園に入れられなければ、ほとんどの母親は、勤務先の会社を退職するか、育児休業期間の延長を職場に申し入れる以外に選択肢がなくなる。

日本政府は二〇一三年以降、認可保育園に入園できない「待機児童」をなくすための取り組みに力を入れてきたが、その目標はいまだに達成できていない。二〇一八年に施行された「子育て安心プラン」は、二〇二一年三月までに待機児童問題を解消すべく、必要な保育の受け皿を整備し、「全ての人が無理なく保育と仕事を両立できるよう」にすることを目標に掲げていた（http://www.kantei.go.jp/jp/headline/taikijido/index.html）。しかし、新型コロナ危機や女性の就業率の上昇により、目標は達成できなかった。政府は「新子育て安心プラン」により、再び待機児童の解消を目指している。

子どもの保育園が見つからず、妻が育児休業を延長したケースは、私たちの調査の回答者にもしばしば見られた。二〇一九年、育児休業後の職場復帰で難しいことがあったかという問いに対して、ミチコは即答した。「保育園ですね」。子どもを預ける場所を探すのがいちばん大変だったというのだ。同様の発言は、ほかの多くの女性からも聞かれた。

私たちのインタビュー調査では、待機児童問題との関連で母親の育児休業を好ましいものと評価する人たちもいた。第2章で紹介したヒロシは、二〇一二年の聞き取りでこう述べている。「（育児休業を取ることが）当たり前です。そうでないとつらい。それに、育休を一年間取っても、そのあと保育園に入れなかったら、育休を続けざるをえません」。二〇一九〜二〇年の聞き取りで母親たちが語った話によれば、ヒロシが言うとおりの状況がしばしば生まれていた。

私たちの調査で多くの回答者が語ったことを裏づけるように、二〇一八年の厚生労働省のデータによれば、日本の女性が取得する育児休業の期間は次第に長くなってきている。一九九九年には、育児休業を取得した女性のなかで期間が一年以上だった人は一〇％だけだった。この割合は、二〇一〇年には約三〇％に増加し、二〇一八年には四〇％近くに達している。

これと対照的なのが、男性の育児休業期間だ。そもそも育児休業をまったく取得しない男性が多く、二〇一八年に育児休業を取った父親は全体の約六％にすぎなかった。しかも、そのうち七〇％あまりの人は、休業期間が二週間に満たない。実は、この割合は一九九九年に比べて一〇ポイント以上増えている。女性が取得する育児休業の期間は長くなっているのに、男性の育児休業期間は逆に短くなっているように見える。ちなみに、二〇一八年に育児休業を二週間未満しか取得しなかった男性の半分以上は、その日数が五日未満だった。

第2章で述べたように、日本の職場には、男性が仕事と家庭のバランスを改善しないように仕向ける仕組みが存在している。一方、女性に対しては、仕事と家庭の両立を促す仕組みが存在する。日本の労働力人口が減り続けるなかで、企業は女性の労働力を必要としているからだ。男性の置かれた状況と女性の置かれた状況には違いがあるのだ。時短勤務や育児休業期間の延長などの制度は、建前上は性別と関係ないものとされている。しかし、実際にこれらの制度を利用している男性がどれだけいるだろうか。私たちが話を聞いた男性のなかには、一人もいなかった。また、同僚にそのような男性がいると語った人もいなかった。この種の制度は、「子をもつ親のための制度」ではなく、「女性のための制度」と暗黙のうちに考えられているように見える。

まとまった期間の育児休業を取得するのはほとんど女性だけで、保育園が見つからずに育児休業の延長を申し込むのも、時短勤務を選択するのも、もっぱら女性という状況では、ジェンダー本質主義の発想――男性の役割は、第一が稼ぎ手、第二がケアの担い手、女性の役割は、第一がケアの担い手、第二が稼ぎ手、という考え方――は変わらない。その結果として、ほとんどの夫婦が共働きになっているのに、いまだに男性稼ぎ手モデルがしぶとく根を張り続けている。次章で述べるように、この状況は、アメリカやスウェーデンとは対照的だ。この両国は、もっと共働き・共育てモデルに近い。そして、そのようなモデルのほうが出生率は高くなる。

日本企業の人事責任者と女性社員

日本企業が仕事と家庭の両立を支援するための制度をどのように導入しているかを調べるために、私は共同研究者とともに、数年前に日本の大企業の人事担当者を対象にインタビュー調査をおこなった（Brinton and Mun 2016）。私たちは大企業二五社の人事責任者に話を聞いた。業種は、金融、食品・飲料製造、製薬、出版などさまざまだ。それぞれの企業への調査では、育児休業や勤務時間の柔軟化など、仕事と家庭の両立を支援する制度を導入するよう促す政府の方針に対して、どのように応じたかを尋ねた。この実証研究の結果は、この種の制度がしばしば暗黙のうちに「女性向けの制度」とみなされているという見方を裏づけるものだった。

私たちはこの調査をはじめてすぐに――まだ面談をおこなう前の段階で――日本企業の人事責任者たちがジェンダーに基づく思い込みを強くいだいていることに驚かされた。どういうことか。指摘すべき点が二つある。まず、企業が私たちの面談相手として用意した人事担当者の多くが女性だった。日本の大企業における女性管理職の割合はごくわずかにすぎないにもかかわらず、である。あとでわかったのだが、私と共同研究者が二人とも女性なので、女性管理職に話を聞きたいのだろうと、企業側が思い込んでいたのだ。私たちが話を聞いた男性人事担当者の一人は、女性管理職を同席させられずに申し訳ないとお詫びの言葉まで述べた。その会社には女性管理職がいないのだという話だった。けれども、私たちは、話を聞く相手が男性でも女性でもまったく構わなかった。この男性担当者のお詫びには、ジェンダーに基づくもうひとつの思い込みが見て取れた。それは、仕事と家庭の両立は女性の問題だという思い込みである。

私たちはこのインタビュー調査をおこなうに当たり、育児休業制度についての人事担当者の回答に関して二つの予想をしていた。ひとつは、人事担当者が育児休業制度の導入にあまり前向きでなく、男女両方の社員がなるべく取得しないように促しているだろうというもの。もうひとつは、育児休業を取得する場合も、期間をなるべく短期間にとどめてほしいと思っているだろうというものだ。興味深いことに、この二つの予想はいずれも外れた。

まず、意外なことに、人事担当者たちは、大学卒の総合職の女性社員たちに育児休業制度について周知し、取得を促すことに非常に熱心だった。女性社員が育児休業を取りやすいことが会社の重要なセールスポイントになると考えているためだ。優秀な女性社員を引きつけ、会社につなぎとめるうえで、それが有効な戦略だと判断していたのである。この背景には、高い地位に昇進する可能性がある職への女性の採用に関して、日本企業の姿勢が一九八〇年代や一九九〇年代と大きく変わったという事情がある。

それでも、企業の人事担当者たちは、両立支援制度がもっぱら女性社員のためのものであり、男性社員には関係がないという思い込みを暗黙のうちにいだいていた。女性社員が出産後に職場復帰できるようにさまざまな制度を設けていると、人事担当者たちは私たちに説明した。育児休業を取って日々の家事と育児を担うのはもっぱら女性だと決めつけていて、女性社員向けに育児休業制度を用意することでそれを支援できると考えていたのだ。男性社員も育児休業を取りたいと考えるのではないかとは、思ってもいないようだった。

なぜ女はもっと男のようになれないのか？

私たちが話を聞いた人事担当者たちは、社員が家庭での役割よりも仕事を優先させるべきだとはっきり述べた。そうなると、多くの人事担当者が矛盾に悩まされるのではないかと、私たちには思えた。女性社員の育児休業取得を奨励し、その権利を尊重する一方で、「理想的な社員」のあるべき姿に関する規範に従うように、女性社員も含めて社員たちに期待することになるからだ。「理想的な社員」とは、会社を最優先に行動する人物のこと。日本ではたいてい、そのためには長時間労働を受け入れなくてはならない。労働時間の問題は、人事担当者に対するインタビュー調査でもたびたび話題に上った。人事担当者たちは、両立支援制度と社員に対する長時間労働の期待が矛盾しないのかという問題についても語っている。三社の人事担当者は、自社では社員の評価を労働時間と切り離していると説明したが、皮肉なことに、それらの会社でも夜八時以降の残業が珍しくないという。

私たちが調査の前にいだいていたもうひとつの予想、すなわち、人事担当者は女性社員が育児休業をできるだけ短期間にとどめることを期待しているという予想についてはどうか。実際に話を聞いてみると、すべての会社でそのような傾向が見られたわけではなかった。確かに、育児休業が短いほうが好ましいと述べる人事担当者もいた。同僚たちが業務を肩代わりする期間を短くしたいというのが理由だ。しかし、予想に反して、多くの企業の人事担当者は長期間の育児休業取得を奨励していた。

最初、私たちはこのような態度を腑に落ちないものと感じた。だが、そこには企業側の戦略があったのだ。女性社員に長期間の育児休業を取得させ、家庭の状況が十分に整ってから職場に復帰させたいと考えているのである。そうすれば、子どもがいる女性社員を「男性と同じように」働かせることができるというわけだ。

私たちが話を聞いた人事担当者たちは、女性社員が育児休業を取得することを受け入れる一方で、育児休業後の女性社員が出産前とほぼ同様の生活状況で職場復帰することを期待しているように思えた。非常に矛盾した態度だと、私たちは感じた。女性社員は、産休・育休期間中だけ女性であることを許されていて、職場復帰後は、家事と育児をほとんどおこなわない大多数の男性社員たちと同じように働くことが求められているかのように見える。こうした企業の姿勢は、ミュージカル映画『マイ・フェア・レディ』で歌われる歌の一節を思い出させる。その場面でヒギンズ教授はこう嘆く。「なぜ女はもっと男のようになれないのか」。

そもそも男性たちが男性稼ぎ手モデルに従い、家庭の時間よりも仕事の時間を優先させるよう期待されている以上、職をもっている母親には、育児休業を取得するかどうかを選択する余地などないのではないか。子どもの保育園が見つからない状況で、ワーキングマザーたちが育児休業を延長する以外の選択肢があるだろうか。子どもがいる女性社員が時短勤務を選ばないことなど、現実的に可能だろうか。

夫婦の親が近くにいれば育児を助けてもらえるかもしれないが、親に頼れる夫婦ばかりではない。そのような状況では、母親にとって子育ては簡単でない。私たちが話を聞いた女性たちのなかにも、その難しさを語った人が少なくなかった。たとえば、別の場所に住んでいる実母と義母の支援を受けてどうにか三度の出産を乗り切ったユイは、「核家族化が進んでいるので、子どもを育てるのは大変だと思います」と話している。第2章で述べたように、多くの女性は育児で自分の親や夫の親に頼ることを前提に考えているように見える。しかし、親に頼ることができず、夫も育児休業を取得しなければ、ワーキングマザーはすべてを独力でおこなわなくてはならない。

ガンダム・ウーマン

日本の女性が高学歴化したこと、労働市場で人手不足が深刻化していること、男女雇用機会均等法の改正がなされたことなどにより、日本の大企業に総合職として採用される女性が増えてきた。それに伴い、企業はそうした女性社員に実務を通じた社員教育を施し、自社に長くつなぎとめるために投資したいと考えるようになった。企業の人事担当者たちが女性社員に長期間の育児休業取得を奨励しているのは、子どもが少し大きくなれば出産前と同じように働いてくれると期待しているためらしいと、私たちは気づいた。

一部の人事担当者は、それが公正な取引だと思っているようだ。ワーキングマザーに長期間の育児休業を与えるのと引き換えに、職場復帰後は出産前のような長時間労働をしてもらえるものと思っているらしい。もし母親たちがその期待に応えられなければ、会社側と女性社員の双方が不満を募らせかねない。ある大手金融機関のダイバーシティ（多様性）担当チームの責任者を務める女性は、私たちに次のように語った。

いま私たちの会社にいる四〇代の女性は、ほぼすべてが独身か、子どもがいない人です。子どもがいる場合は、親に育児を助けてもらっているケースが多いようです。このようなわが社の女性たちのことを「ガンダム・ウーマン」と呼んでいます［人気アニメ『機動戦士ガンダム』のこと。スーパーウーマンというような意味だ］。一方、男性社員のほとんど、おそらく八〇％くらいは、妻が専業主婦です。金融業界では、長時間労働が珍しくありません。夜一〇時くらいまで退勤できないことも多い。そのため、家事をすることなど、とうてい考えられないのです。バブル経済の時代に就職し、専業主婦の妻がいる四〇代や五〇代の男性管理職たちは、若い女性社員に「ガンダム・ウーマン」であることを期待しがちです。若い女性社員が育休後に職場に戻って来て、仕事と家庭の両立に苦労していると、男性管理職は「どうして、きみはスーパーウーマンになれないのか」と思ってしまいます。

こうした男性管理職たちの厳しい要求は主として、育児休業明けに時短勤務を選択しなかった女性社員に向けられているようだ。しかし、私たちのインタビュー調査によれば、時短勤務を選択した女性のなかには、大量の仕事を一日六時間の勤務時間でこなさなくてはならないことに強いプレッシャーを感じると述べる人たちもいた。一方、時短で働くようになって、出世を諦めたと思われているように感じると語る人たちもいた。

時短勤務と育児休業の延長にまつわる根本的な問題は、これらの制度が「働く人たちが仕事と家庭を両立するための手段」とみなされておらず、「女性はこうあるべきだ」という考え方と密接に結びついていることだと、私には思える。男性がもっと時短勤務や育児休業の延長を利用するようになり、この種の制度が女性社員だけでなく男性社員にも関係があるものだという認識が浸透すれば、企業の考え方はもっと矛盾のないものになるだろう。

的外れのインセンティブ──「くるみんマーク」

日本政府と日本企業は、女性に長期間の育児休業を認めることにより、男性がほとんど変わらずに済む形で育児休業と待機児童の問題に対処してきた。同じように、日本政府が設けた数値目標も、男性の行動を大きく変えるものではなかった。

ある日本の大企業の二〇年間にわたる詳細な人事データを分析した加藤隆夫《かとうたかお》らの研究によると、その会社の八六〇二人の男性社員のなかに育児休業を取得した人はほとんどいなかった（Kato et al. 2013）。このように男性の育児休業取得率が伸び悩んでいる状況を受けて、厚生労働省が打ち出した対策のひとつが「くるみんマーク」の導入だった。二〇〇七年、一定の条件を満たした企業に対して、子育て支援に取り組んでいる会社であることを示すマークの使用を認める制度をつくったのである。この認定を受けるための条件のひとつは、女性正社員の育児休業取得率が七〇％以上で、少なくとも一人の男性正社員が育児休業を取得しているというものだった。その後、基準は段階的に厳格化されてきており、基本的には、女性正社員の育児休業取得率は七五％以上、男性正社員に関しても育児休業取得率が七％以上でなくてはならないものとされた。さらに、男性正社員の取得率に関する基準は、二〇二二年四月以降、一〇％に引き上げられた。

政府がこのような目標を設定することに、どの程度の効果があったのか。正直なところ、男性と女性に期待される役割を変えることはほとんどできなかった。私たちが話を聞いた人事担当者の一人は、自社が「くるみんマーク」を取得することを目的に、前年に二人の男性社員（いずれも人事部員）が育児休業を取得したと、悲しげに語った。このマークを取得するうえでは、育児休業期間の長さは問われない。当時の基準によれば、少なくとも一人の男性社員が育児休業を取得したという象徴的な事実だけあればよかったのだ。これにより、同社はくるみんマークを取得することができた。

この会社の場合、誰が育児休業を取得するかは会社が決めた。そして、その二人の男性が育児休業を取得するのは会社のイメージをよくするためだと、社内のみんなが理解していた。このような状況で、ほかの男性たちの行動が変わると期待できるだろうか。会社が子育て支援に前向きだという認証を受ける目的で一人か二人の男性だけが育児休業を取得しても、それがほかの男性社員の育児休業取得を後押しする可能性はきわめて小さいのではないか。このようなアプローチでは、男性が育児休業を取得して「規範の開拓者」になることを促したり、第2章で述べた「仲間の影響力」を活用したりすることができるとは考えにくい。

数値目標やクオータ（数量割り当て）は、個人の機会を拡大させたり、個人の行動の背中を押したりする効果がある場合ばかりではない。一方、その種の施策はつねに、組織の目標を達成するために個人が利用される結果を招く。それよりも、男性の育児休業にせよ、管理職の地位にせよ、そのほかの目標にせよ、なにかを手に入れたいという個人の思いや努力を支援するほうが社会を変えるうえで効果的な場合がはるかに多い。そうすれば、数値はあとからついてくる。

次章では、スウェーデンとアメリカでどうして男性が家庭で積極的な役割を果たすようになったのか、そして、どうしてその結果として両国が日本よりも高い出生率を維持できているのかを検討する。

第5章　スウェーデンとアメリカに学べること

コーホート完結出生数の推移

どうして、アメリカとスウェーデンは日本よりも容易に、男女の両方が家庭生活と職業生活に積極的に関わる「共働き・共育てモデル」に移行できたのか。出生率がきわめて低い日本と、それよりも出生率が高いアメリカおよびスウェーデンを比較することに違和感をいだく人もいるかもしれない。しかし、そのような違いがあるからこそ、この二つの国と日本を比較することに意味があるのだ。いまとなっては想像しづらいかもしれないが、以前は三カ国の出生率に大きな違いはなかった。本章では、まずその事実を説明したうえで、スウェー

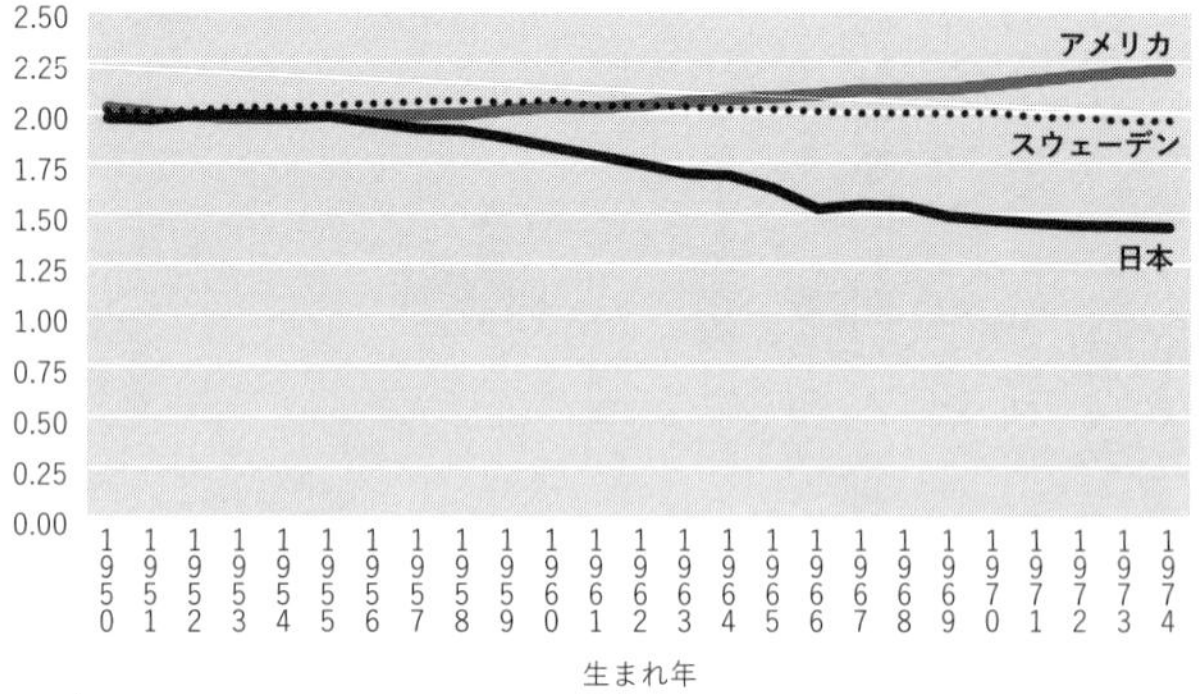

図5-1

日本、スウェーデン、アメリカのコーホート完結出生数

出典：Human Fertility Database. 2020. Retrieved from https://www.humanfertility.org

デンとアメリカがどのように共働き・共育てモデルに移行して出生率を維持してきたのかを検討する。日本とは大きく異なるアメリカとスウェーデンの経験から、日本はなにを学べるのだろうか。

図5-1は、日本、スウェーデン、アメリカの「コーホート完結出生数」の推移を示したものである。この指標は、よく用いられる「合計特殊出生率」（特定の年に女性が出産した子どもの数の平均）よりもやや理解するのが難しいかもしれない。しかし、出生率の変化を正確に把握するうえではきわめて有用な指標だ。コーホート完結出生数は、ある特定の年に生まれた女性が再生産年齢（ここでは四五歳までとした）を終えるまでに出産した子どもの数の平均である。

この指標の長所は、女性たちの出産年齢の変化に影響されないことだ。たとえば、（日本、アメリカ、スウェーデンなど、ポスト工業社会の大半がそうであるように）女性が第一子を出産する平均年齢が上昇していれば、ある年に生まれる子どもの数は、前の年より少なくなる可能性が高い。それに対し、コーホート完結出生数は、ある年の平均出産数ではなく、ある年に生まれた女性の生涯平均出産数の推移に着目するので、その社会でどれくらい子どもが生まれているかをより正確に描き出せる。たとえば、一九七四年生まれの女性は、二〇一九年に四五歳になった。したがって、再生産年齢を四五歳までとした場合、この女性たちが二〇一九年までに出産した子どもの数の平均が、この誕生年の女性たちのコーホート完結出生数ということになる。では、三カ国のデータを比較してみよう。

図の左端部分は、いずれの国でも一九五〇年に生まれた女性が四五歳までに平均二人前後の子どもを出産していたことをあらわしている。この状況は、一九五五年生まれの女性まで続いた。しかし、その後ほどなく日本の数値が下がりはじめて、その傾向が今日まで続いている。それに対し、スウェーデンの女性は、これ以降の世代も生涯に平均で二人くらいの子どもを出産し続けている。アメリカの女性が生涯に産む子どもの数は、一九六〇年代以降に生まれた世代で若干増加傾向にある。なぜ、このようなことが起きたのか。どうして、スウェーデンとアメリカがコーホート完結出生数を維持できているのに対し、日本の数値は下落

表 5-1

3 カ国の両立支援政策

	日本	アメリカ	スウェーデン
母親向けの有給の産休・育休の充実度（満額支給換算、単位：週）	36	0	35
父親向けの有給の育休の充実度（満額支給換算、単位：週）	30.4	0	10.9
公的保育を受けている3歳未満の子どもの割合	29.6	28.0※	51

※アメリカのデータは 2011年のもので、民間の保育施設の値である。

出典：UNICEF. 2019. Are the World's Richest Countries Family Friendly? Policy in the OECD and EU (Family-Friendly Policies Report). Florence, Italy: United Nations Children's Fund.

し続け、一九七四年生まれの女性では一・四三まで下がってしまったのか。まず、家庭と仕事の両立を支援するための政策の三カ国間の違いを見てみよう。

育児休業制度の比較

表5−1は、国連児童基金（ユニセフ）の報告書に基づいて、日本、アメリカ、スウェーデンの両立支援政策を比較したものである。この報告書は、どれくらい「家族にやさしい」社会政策を採用しているかを基準に、OECDと欧州連合（EU）の四一カ国をランクづけしている。その一環として、有給の育児休業制度の充実度と、公的保育を受けている三歳未満の子どもの割合の国際比較もおこなっている。

この調査では、育児休業の充実度に関する指標で「満額支給換算」の値を用いている。これは、第2章で説明したように、雇用が保証された状態で育児休業を取得できる期間の長さに、育児休業開始前の給与の何%の給付金を受け取れるかという割合を掛け合わせた値だ。満額支給換算の値を用いることにより、育児休業の長さだけでなく、金銭面での充実度も把握できる。たとえば、子どもを出産した女性が三〇週間の育児休業を取得できて、その期間に育児休業開始前の給与の五〇%の給付金を受け取れるとすれば、満額支給換算の値は一五週間となる。

最も注目すべきなのは、日本の女性向けと男性向けの育児休業制度がスウェーデンより充実しているのに対し、アメリカにはその種の制度が存在しないことだ。日本では、母親には満額支給換算で三六週間（スウェーデンは三五週間）、父親には三〇・四週間（スウェーデンは一〇・九週間）の育児休業を認めている。アメリカでは、連邦政府レベルでの有給の育児休業制度が設けられていない。

保育施設の充実度

日本とアメリカはともに、表の三段目の「保育」に関する値が三〇%を割り込んでいる。しかし、日本の親のほうが恵まれている点がある。アメリカには、質の高い公的保育サービスが存在しないのだ（したがって、表に示したアメリカの値は、民間の保育施設に預けられている子どもの割合である）。このことが経済的にどのような意味をもつかは、あとでステファニーというアメリカ人女性のストーリーとともに検討する。

一方、スウェーデンでは、三歳未満の子どものおよそ半分が公的保育の対象になっている。日本では待機児童が深刻な問題になっているが、私たちのインタビュー調査に対して、スウェーデンで公的保育サービスの利用を待たされたと語った人は一人しかいなかった。

アメリカには質の高い公的保育サービスがないため、アメリカの回答者たちは、民間の保育施設、ベビーシッター、自分や配偶者の親など、さまざまな保育の選択肢を利用していた。それに対し、日本とスウェーデンの回答者は、ベビーシッターに世話させるよりも保育園に預けることを好む傾向が非常に強かった。その理由は二つある。ひとつは、保育園に入れたほうが子どものためになるという考え方だ。ほかの子どもたちとうまくやっていくスキルが保育園で身につくと期待しているのだ。もうひとつの理由は、よほど信頼できる人物でない限り、ベビーシッターには任せたくないという思いだ。この二つ目の考え方は、日本でとくによく見られる。私たちが話を聞いた日本の親たちの大半は、「赤の他人」に幼い子どもの世話をさせることへの躊躇が大きかった。

日本と似たような子育て政策を採用しているスウェーデンは、どうやって出生率を維持しているのか。また、アメリカは、仕事と家庭の両立を支援する制度なしに、どうして出生率を維持できているのか。両立支援政策に関する三カ国の違いをひとことでまとめるとすれば、次のようになるだろう。共働き・共育てモデルを支援するための社会政策が脆弱《ぜいじゃく》で、社会規範が強力なのがアメリカ。社会政策が強力だが、社会規範が脆弱なのが日本。社会政策と社会規範の両方が強力なのがスウェーデンだ。日本の状況については、ここまでの章で詳しく述べてきた。以下では、アメリカとスウェーデンの状況を簡単に述べたい。

アメリカの職場での厳しい育休交渉

アメリカは、ポスト工業社会のなかで唯一、有給の育児休業制度がない国だ。そもそも、有給の出産休業制度すら存在しない。連邦レベルで法制化されている休業制度は、「家族・医療休業法（FMLA）」に基づく一二週間の無給の休業だけ（社員数五〇人以上の企業が対象）。この法律は社員に認めるべき休業期間の長さこそ定めているが、有給の休業を認めることは義務づけておらず、実際、大半の職場は無給の休業しか認めていない。一方、州レベルでは、八つの州とコロンビア特別区（ワシントンDC）で有給の育児休業制度を定めた法律が成立しているが、いずれも本書執筆時点でまだ発効していない。

アメリカの働き手の大半は、子どもが生まれたときに仕事を休んだり、勤務時間を減らしたりするための方法を自分で考えなくてはならない。有給の育児休業制度がある企業で働いている人は、すべての働き手の二〇％に満たないのだ。『フォーチュン』誌500社リストに名を連ねるような大企業では、（少なくとも一部の社員に）有給の育児休業を提供している可能性が高いが、ほとんどの人はこのような会社で働いているわけではない。教育レベルと技能レベルが低い人はとくに、育児休業を取りたいと会社に申し出ることが難しい場合が多い。教育レベルの高い人に比べると、労働力として替えが利きやすいため、交渉力がどうしても弱くなるからだ。この点は、日本の有期雇用労働者や契約社員の状況と似ている。日本でも、これらの人たちは正社員と違って育児休業の権利を保証されていない。

私たちのインタビュー調査でアメリカ人の回答者たちが語った内容は、アメリカで有給の育児休業を取得したり、柔軟な勤務時間で働いたりすることがいかに難しいかを浮き彫りにしている。私たちが話を聞いたのは教育レベルの高い人たちであり、とくに大企業で働いている場合は、アメリカで最も育児休業を取りやすい人たちだと言える。その意味で、私たちの回答者が語ったストーリーは、過酷なように見えてもアメリカにおける「最良のシナリオ」なのである。

第1章で紹介したコナーは、それぞれの会社によって、もっと言えば上司によって状況が大きく異なることを指摘している。「上司次第ですね」と、コナーは述べている。「以前の上司には、休暇を取るたびに気まずい思いをさせられました。たとえば、半日休ませてほしいと言っても、簡単には受け入れてくれず、了承する場合も特別に施しをしているような態度を取ったのです。馬鹿げた話です」。

アメリカの働き手は、有給の育児休業の権利を獲得するために、ひとりひとりが闘わなくてはならない場合が多い。しかし、そのためには、雇用主に対してある程度の交渉力をもっていて、その交渉力を駆使する覚悟が必要だ。具体的には、アメリカの働き手たちはどのように交渉をおこなっているのか。

私たちのインタビュー調査では、子どもがいるアメリカ人の回答者のうち、なんと女性は全員、男性も過半数が育児休業を取っていた。期間は、女性が平均約一三週間、男性が平均約九週間だった。そして、すべてではないが、ほとんどのケースが有給だった。そうした人たちにどうやって育児休業を取得できたのかと尋ねると、状況は人それぞれだった。

私たちが二〇一二年に話を聞いたとき、カレンはある有名な下着メーカーに勤めていた。その会社で働くようになって五年。営業・販売部長の役職に就いていた。当時二九歳。夫との間に一歳の息子がいて、数年以内にもう一人欲しいと考えている。いまの会社にあとどれくらい勤めたいかと尋ねると、「ずっと働きたい」とのことだった。

現在の仕事に全般的に満足しているかという問いに、カレンはこう答えた。「はい、昇進してからは満足しています。私が昇進できたのは、転職を検討しはじめたためでした。以前から柔軟な勤務時間で働きたいと考えていたのですが、会社側はそれを受け入れようとしませんでした。そんなとき、人材紹介会社のヘッドハンターから連絡があり、その人物を通じて別の会社から転職の誘いがありました。そのおかげで、いまの会社と新しい合意を結び、柔軟なスケジュールで働けるようになったのです」。

転職を検討しはじめたから、会社が交渉に応じる気になったということ？ 「そうです。もともと私を昇進させるつもりはあったようです。私が上司に話を切り出す二週間前に、すでに私の昇進について話し合いがおこなわれていました。そのことを示す電子メールを見せてくれました。でも、昇進はさせても、柔軟な勤務スケジュールを認めるつもりはありませんでした。それが認められたのは、私の要望を受け入れなければ、私が昇進を断って、ほかの会社に移ってしまうとわかったからです」。

カレンの会社には、柔軟な勤務時間を認める制度があるのか。そのような制度はないと、カレンは言う。「問題の一端はそこにあります。勤務スケジュールを個人で交渉するしかないのですが、それができるかどうかは人によります。どれくらい上司に好かれているか次第なのです。同僚女性の一人は、週に三日オフィスで勤務し、一日在宅勤務をして、もう一日は休みです。つまり、パートタイムで働いていることになります。その人も私と同じように、ほかの会社から転職の誘いがあり、その誘いに乗る構えを見せてはじめて、こうした待遇を獲得できました。最初、会社はこの女性に柔軟な勤務スケジュールを認めるつもりはなかったのです」。

カレンの職場では、育児休業だけでなく、有給の出産休業も会社と交渉しなくてはならない。カレンによると、職場で有給の出産休業を取得したのは自分が最後だという。その後、勤務先の会社は大手企業に買収されて、新しい親会社の制度への転換を進めている最中だった。新しい制度の下では無給の出産休業しか認められないだろうと、カレンは語った。

保育料が高すぎる！

まだ小さい子どもを育てているアメリカの親にとっては、質の高い公的保育が存在しないことも大きな問題だ。民間の保育施設に子どもを預けるために必要な費用は、住んでいる場所によって大きく変わってくる。ニューヨーク・デイケア評議会の二〇一六年のデータによると、ニューヨーク市で一・五歳未満の子どもを保育施設に預ける料金は、月額で一五〇〇ドル程度（日本円で一九万五〇〇〇円程度。一ドル＝一三〇円換算、以下同）。子どもの年齢が上がるに伴い、料金は下がっていく。三〜五歳の子どもの場合は、月額一〇〇〇ドルくらいだ（一三万円程度）。

アメリカでは、仕事中はベビーシッターに子どもの世話をさせる人も少なくない。フルタイムでベビーシッターを雇い、幼い子どもの世話をさせるとすると、料金は保育施設よりも格段に高くなり、月に二七〇〇ドル（三五万一〇〇〇円程度）に上る。状況はボストンでもほぼ変わらない。それに対し、日本では、高所得者を除けば、保育料は米ドル換算で数百ドル程度だ（三歳以上のクラスは無料）。

アメリカでは中上流層の親たちでも、手の届く料金の保育施設を見つけることは難しい。ステファニーが私たちに語った話は、その現実を描き出している。二〇一二年に最初に話を聞いたとき、ステファニーはボストンの大規模病院の医療ソーシャルワーカーとして週三〇時間働いていて、夫との間に二歳の娘がいた。その後、二〇一九年に話を聞いたときには、人生が大きく変わっていた。二人目の子どもをもうけるタイミングは、慎重に検討していたという。ボストンでは保育施設の料金が非常に高く、複数年にわたって二人の子どもを同時に保育施設に預けることは避けたかったからだ。二人目の子どもを妊娠したとき、長女は四歳になっていた。

ところが、思い掛けないことが夫婦を待っていた。ステファニーのおなかにいたのは、双子の男の子だったのだ。幸い、有給の出産休業と育児休業を取ることができ、夫も有給の育児休業を取得できた。夫の育児休業は非常に充実したものだったという。「素晴らしかったです。夫をからかって『あなたが産んだわけでもないのに！』と言ったものです（笑）」。

しかし、そのあと待っていたのも予定外の事態だった。「産休と育休を終えたあとは、職場復帰するつもり満々でした。娘を通わせている保育園に、あと二人分の枠も確保できました。『おめでとうございます！　空いている枠が二つあったのは本当にラッキーでした。こんなこと、めったにないんですよ』というメッセージまでもらいました」。ところが、子どもを三人預けると、ステファニーの給料の二倍近い費用がかかることがわかった。そこで、ステファニーはやむなく、仕事を辞めて家で子どもの世話をすることにした。一年後に長女が幼稚園に入った時点で、双子を保育施設に預けて、新しい職を探そうと考えたのだ。

その後、一家の生活はまたしても思わぬ転機を迎えた。ボストンの医療機関で心理学の研究に取り組んでいた夫が転職して、友人たちが立ち上げた製薬会社で研究員として働くことになったのだ。それにあわせて、一家はニュージャージー州に移り住んだ。保育料はボストンより安いだろうと、夫婦は思っていた。しかし、その期待は裏切られた。「もっと安いと思っていたのに、そうでもなかったのです。それは計算外でした。いくらかは安いのですが、給料もこちらのほうが少し安いので」。

そこで、この時点でもステファニーは仕事を再開せず、家で子どもの世話をすることにした。子どもを二人預ければ、費用がかかりすぎるからだ。双子がまだ幼い間、自分が仕事をしなくても経済的にやってこられたことは幸運だと思っていると、ステファニーは言う。「双子が幼稚園に入園したら、（仕事を再開する）選択肢を模索しはじめたい」とのことだ。

カレンのストーリーは、アメリカの働き手が有給の育児休業を取得するために雇用主と交渉しなくてはならない場合があるという現実を描き出すものだったが、ステファニーのストーリーは、それとは別の二つの点を浮き彫りにしている。ひとつは、アメリカの保育施設の料金が非常に高いということ。そして、もうひとつは、子どもたちが少し大きくなればまた労働市場に戻れると、ステファニーのような女性たちが自信をもてているということだ。保育料が高いことは、出生率を上昇させるうえでプラスに働く要因とはお世辞にも言えない。しかし、柔軟性の高いアメリカの労働市場では、教育レベルが高い人たちは、日本の「閉鎖的」な労働市場よりも、仕事と家庭を両立させるための選択肢を見いだしやすいとは言えそうだ。

労働市場の流動性

日本とアメリカでは、労働市場の構造が大きく異なる。労働市場の構造とは、労働市場において就労の機会がどのように形づくられていて、雇用がどの程度保護されているかということだ。具体的には、雇用主がどれくらい社員を解雇しやすいか、そして、働き手がほかの会社で同程度、もしくはよりよい職をどれくらい見つけやすいかということだと考えればいい。

日本の多くの大企業で採用されてきた終身雇用制度は、「内部労働市場」と呼ばれるものの典型だ。出世争いはすでに社内にいる人たちの間で競われて、中途採用者が登用されることは比較的少ない。そして、雇用主と働き手の暗黙の契約により、正社員は、職務内容や人事異動、転勤などに関して会社の決定に従うものとされていて、それと引き換えに、基本的にはその会社の「恒久的なメンバー」と位置づけられる。要するに、解雇されにくく、雇用が守られる度合いが強いのだ。しかし、このような仕組みの下では、ほかの会社で同等の職やもっとよい職に移るチャンスはあまりない。

日本のような内部労働市場中心の国では、正社員の女性が育児に専念するために仕事を辞めると、その後、元の会社や別の会社で以前と同等もしくはそれ以上の職に就くことがきわめて難しい。最初に就職した会社におけるキャリアの道筋を外れることは、とても大きな代償を伴うのだ。同じことは、会社を辞めた男性社員にも言える。正社員という立場を失えば、失うものはあまりに多い。雇用の安定が弱まり、給料も安くなり、福利厚生制度も手薄になる。有給の育児休業も、非正規労働者には認められない場合が多い。

アメリカの働き手は、日本に比べると雇用の保護は非常に弱い。ＯＥＣＤでは、採用と解雇に関する規制の内容を基準に、国ごとにフルタイム労働者の雇用保護の強さを数値化している。規制が強い国はスコアが高く、規制が弱い国はスコアが低くなる。お察しのとおり、日本のスコアはアメリカよりかなり高い。それに対し、アメリカのスコアはOECD加盟国のなかで最も低い。

雇用の保護がほぼ皆無のアメリカでは、日本のような国よりも頻繁に転職がおこなわれる。前の職場で解雇されて転職する人もいれば、もっと条件のよい職を見つけて転職する人もいる。労働市場に関して用いられている言葉の違いに注目すると、日米の違いがくっきり見えてくる。自営・フリーランス、フルタイム、パートタイム、有期雇用などの形態があることは、一般のアメリカ人でもすぐに理解できる。

しかし、「正社員」「非正規労働者」「パート」(パートタイム労働者ではあるが、勤務時間はフルタイムに近い場合も少なくない)といった概念はなかなか理解できない。アメリカでは、終身雇用に類する仕組みが失われて久しく、「regular employee(正規被雇用者)」という英語を聞いても意味がわからない人がほとんどだろう。三〇年くらい前まで、ヒューレット・パッカード(HP)、IBM、コダックなど、一部の超巨大企業は「恒久的な雇用」を約束していたが、今日のアメリカに「終身雇用」という考え方はほぼ存在しない。

「よい職」に就いている日本の働き手は、育児休業の権利を行使したり、単身赴任を拒んだりするなど、自分が望むように仕事と家庭のバランスを取ろうとすれば、雇用の安定を犠牲にしなくてはならない場合が多い。育児休業の「権利を振りかざせば」非難されるかもしれないと、第2章で紹介したヒトシは述べていた。一方、アメリカでは、単身赴任はほとんどおこなわれておらず、それを表現する英語の言葉すら存在しない。雇用の保障が失われるとともに、雇用主が遠方への転勤を一方的に言い渡す力も失われたのである。

ここまでの話をまとめると、アメリカでは日本と違って、有給の育児休業制度を設けていない会社が多いが、カレンのように高い評価を得ている人は、会社と交渉したり、希望が通らなければ別の会社に移ったりできる可能性がある。一方、労働市場の流動性がアメリカより大幅に低い日本では、社員が会社と交渉することは難しく、会社が社員に対してもっている力がきわめて強い。本書で論じてきたさまざまな社会規範――たとえば、男性は育児休業を取得するべきではないという考え方――が日本社会で根を張っている一因は、ここにある。

日本とアメリカで労働市場の流動性が大きく異なることは、転職に関するデータにもあらわれている。平均すると、アメリカ人は男女ともに、日本人よりもかなり頻繁に転職する。アメリカの労働省労働統計局が二〇二〇年に発表した資料は、年齢層ごとに、一九七八～二〇一六年の期間に経験した職の数の平均を示している。私たちがインタビュー調査で話を聞いた人たちに最も近い年齢層である二五～三四歳の男女は、二〇一六年の時点ですでに平均四つ以上の職を経験していた。これは、大学卒の人たちにも、それよりも教育レベルが低い人たちにも見られる傾向だった。性別や教育レベルに関係なく、転職が「当たり前」になっているとからも明らかなように、アメリカでは、転職にまつわる負のイメージが日本よりもかなり弱い。

私たちが二〇一九〜二〇年に再び話を聞いた人たちに関しては、二〇一二年の最初の調査以降に起きた職業生活の変化についても尋ねることができた。日本の回答者とアメリカの回答者の違いは明白だった。この期間に転職を経験した回答者は、アメリカが日本の二倍に上っていた。日本とアメリカでは、性別と転職経験の関係にも違いが見られた。アメリカでは、転職を経験した人の割合は男女でほとんど違いがなかったが、日本では予想どおり、男性で転職を経験した人の割合は女性の半分程度にとどまっていた。

アメリカの出生率が日本より高いのは、仕事と家庭の両立を支援する政策が優れているからだとはお世辞にも言えない。では、なぜアメリカのほうが出生率が高いのか。理由は三つあると、私は考えている。第一に、第1章で指摘したように、私たちが話を聞いたアメリカの若い世代は、家族の定義を広く考えていて、核家族のメンバーだけでなく、それ以外の家族や親戚、友人、近所の人たちなどを含む支援ネットワークを築いている場合が多い。この点は、人々が結婚して子どもをもつことを後押しする効果がある。第二に、アメリカでは、ジェンダー本質主義的な発想、つまり男性の役割は主として稼ぎ手で、女性の役割は主としてケアの担い手だという考え方が日本よりも弱い。そのため、アメリカのカップルは共働き・共育てモデルを柔軟に実践しやすい。そして第三に、本章で述べてきたように、アメリカのほうが労働市場の流動性が高く、少なくとも一部の教育レベルの高い層にとっては、家庭生活とのバランスが取れた働き方を雇用主と交渉しやすい。

共働き・共育てモデルの支援に関して、日本が「社会政策は強力だが、社会規範が脆弱」で、アメリカが「社会政策は脆弱だが、社会規範が強力」だとすれば、「社会政策と社会規範の両方が強力」なのがスウェーデンだ。スウェーデンは、社会政策と社会規範の足並みがそろっているのだ。この点は、スウェーデンが出生率の落ち込みを避けられている一因と言える。そのような社会政策と社会規範の相互補完関係は、偶然に生まれたわけではない。スウェーデンで仕事と家庭の両立を支援するための政策がどのように形づくられてきたかについては、多くの優れた研究がある。以下では、そうしたスウェーデンの歴史の重要な要素を簡単に紹介したい。

スウェーデン、五つの政策の効果

スウェーデンの人口学者グンナール・アンデションは、スウェーデン政府の政策目標についてきわめて簡潔に説明している。それは非常に示唆に富んだものに思える。アンデションはこう述べている。「見落としてはならないのは、スウェーデンの家族政策が子育て支援を明確に目標としたことはなかったという点である。あくまでも、女性の労働市場への参加を促進し、ジェンダー平等や社会の平等を推し進めることを目指してきたのだ。重んじられてきたのは、ひとりひとりがほかの人に過度に依存することなく、制度的な要因によって制約されることもなく、家庭生活と職業生活で自分の目指す道を歩めるようにすることだった。明確に、家族ではなく、個人に政策の力点を置いている。子育てに関しては、女性と男性がみずからの望む数の子どもをもてるようにすることを目標にしている」（傍点筆者）（Andersson 2008: 90）。

一九六〇年代末の時点では、スウェーデンと日本の女性の労働参加率はほぼ同程度だった。二五～五四歳の女性のなかで職に就いている人の割合は、スウェーデンでは六〇%程度、日本では五六%程度だった。しかし、スウェーデンは日本と異なり、この時点で労働力不足に悩まされていた。そこで、スウェーデン政府は女性の労働力を増やすために、働く女性が仕事と育児の両立で直面する困難を減らし、父親の家庭生活への積極的な参加も後押しする政策を導入した。

具体的には、どのようにその目標を追求してきたのか。

第一に、一九七一年に税制を変更し、所得税の夫婦共同課税（世帯単位での課税）を廃止して個人課税に切り替えた。これにより、職に就こうと考える既婚女性が増えた。

第二に、一九七〇年代半ばには、育児休業期間の給付金の所得代替率（休業前の所得のどれくらいの割合が給付されるかという割合）を直近八カ月間の平均給与の九〇％に設定し、母親と父親が育児休業期間を自由にわけ合える制度も導入した。また、育児休業の期間は、六カ月から七カ月、九カ月と拡大されて、現在は一八カ月になっている。給付金の所得代替率は経済状況により変動してきたが、八〇％を割り込んだことはない。

第三に、きわめて柔軟性の高い育児休業制度を採用しており、勤務時間を減らす部分的育児休業を選択したり、有給の育児休業期間と無給の育児休業期間を組み合わせたりすることも可能になっている。また、子どもが八歳になるまでは、いつでも育児休業を取得できる。

第四に、一九七〇年代以降、公的保育施設の整備に多額の投資をおこなってきた。たとえば、放課後にまだ幼い学齢期の子どもの保育をおこなう施設などを充実させている。

第五に、一九八〇年代半ば、きわめて重要な政策上のイノベーションが生まれた。第一子のあと、短い間隔で次の子どもをもうけることを後押しする経済的な仕組みが設けられたのである。第一子を出産してから三〇カ月以内に第二子を出産すると、育児休業期間の給付金に関して有利な扱いを受けられる制度だ。この「スピード・プレミアム」という制度は、スウェーデン特有のものと言える。育児休業期間の給付金の所得代替率が高ければ、女性たちはおのずと、出産前の時点で高給の職に就いていたいという意欲が高まる。しかし、そのような意識が強くなると、第一子の出産時期がどうしても遅くなる。そこで、その影響を緩和するために、スピード・プレミアムの制度により、第二子の出産を早めるよう促しているのだ。多くの人口学者は、スウェーデンが女性の職場での活躍を推進しつつ、出生率を比較的高い水準で維持できている一因として、この制度を挙げている。

スウェーデンの家族政策は、「女性は仕事と家庭のどちらかを選ばなくてはならない」という発想を弱めることにかなり成功していると言われることが多い。実際、グンナール・アンデションの研究とブリッタ・ホエムの研究によれば、スウェーデンでは、キャリアを確立していて所得が高い女性は、労働市場における足場が弱い女性よりも、一人目の子どもを産む確率が際立って高いという（Andersson 2000, Hoem 2005）。これにスピード・プレミアムの効果も合わさって、教育レベルが高くてキャリア志向が強い女性たちは、第一子出産の時期が遅くなったとしても、第二子以降では、もっと若いときに最初の出産を経験した女性たちにやがて追いつくケースが多い。

このように女性が労働市場でしっかりした足場を築くよう促す仕組みがあるため、スウェーデンの女性たちは、日本の女性よりも第一子の出産時期を遅らせているのだろうと思った人もいるかもしれない。しかし、実際にはそんなことはない。スウェーデン人女性の第一子出産年齢は、一九七〇年代以来、日本人女性よりも若干若い。現在、日本人女性の第一子出産の平均年齢は三〇歳あまり。スウェーデン人女性の平均はそれより一〇ヵ月くらい若い。

男性も育休と時短を取る

スウェーデンの男性たちは、こうしたことにどのように関係しているのか。一九七〇年代以降、スウェーデンの家族政策が一貫して目指してきた目標は二つある。ひとつは、カップルが望む数の子どもをもてるようにすること。もうひとつは、ひとりひとりが自分の望みに応じて、仕事と家庭のバランスを取れるようにすることである。スウェーデン政府は、一九七〇〜八〇年代には女性が仕事と家庭を両立しやすくすることに力を注いできたが、その後は男性の育児休業取得を後押しする仕組みづくりを重んじるようになった。

その最初のステップは、一九九五年に「父親クオータ」（「父親月間」）を導入したことだった。夫婦二人の合計の育児休業期間のうち一ヵ月間は、夫が取得しなければ権利を失うものとしたのである。この新しい制度が導入された二年後には、育児休業を取得する男性の割合が大幅に上昇していた（Duvander and Johansson 2012; Ekberg et al. 2013）。二〇〇二年にはこの期間が二ヵ月に、二〇一六年にはさらに三ヵ月に拡大された。現在、スウェーデンではほぼすべての女性が育児休業を取得しているだけでなく、男性もおよそ九割が育児休業を取得している。ただし、育児休業の取得期間は、男性よりも女性のほうが長い。この点は、ほかの国々と同様だ。

一九七〇年代後半以降は、子どもが八歳になるまで、親が労働時間を七五％まで減らす権利も認められるようになった（ただし、労働時間の削減割合に応じて給料も減額される）。私たちがスウェーデンでおこなったインタビュー調査でも見られたように、子どもが生まれた親の多く（父親も含む）は、最初の数カ月間、その権利を行使して労働時間を減らしている。スウェーデンでは、この制度と男性育児休業制度のおかげで、父親も家庭で赤ちゃんと多くの時間を過ごせているのだ。

スウェーデン人の育児休業の取り方

私たちが二〇一二年にスウェーデンでおこなったインタビュー調査（前述したように、スウェーデンでは二度目のインタビュー調査をおこなっていない）の回答者のうち、子どもがいる人は一人残らず育児休業を取得していた。女性だけでなく男性も、である。女性の回答者の育児休業期間は平均一〇カ月、男性は平均七カ月だった。スウェーデンの夫婦は、夫婦と子どもにとって最適と考える期間の育児休業を取得する。回答者のなかには、夫婦が同じ長さの育児休業を取得していた人たちもいた。イサと夫の場合もそうだ。

私たちが話を聞いたとき、イサは三三歳。ある研究機関で人口問題の分析をおこなう仕事に就いていた。図書館で働く夫との間に、一歳二ヵ月の男の子がいた。息子が生まれたあと、まずイサが七ヵ月間育児休業を取得し、そのあと夫がやはり七ヵ月間取得した。そのあとは、二人とも週当たりの労働時間を一八～一九時間に減らし（スウェーデンで標準的な労働時間の半分程度）、仕事以外の時間は家で子どもと一緒に過ごしている。息子が保育園に行くようになれば、夫婦ともに、労働時間を以前の八〇％まで増やすつもりだとのことだった。

カミラと夫のケースもこれと似ている。インタビュー調査の時点で、カミラと夫は三三歳。三歳の娘がいて、夫婦二人ともフルタイムの職に就いていた。二人は夫婦に認められる育児休業期間を半分にわけて、一〇ヵ月ずつ取得した（ほとんどの期間は有給だが、一部は無給）。私たちが話を聞いた当時、娘は保育園に通っていて、二人は交代で仕事のあとに娘を迎えに行っていた。夫婦のそれぞれが週に一日ずつ職場で残業できるようにして、その日はもう片方が娘を迎えに行くことにしていた。ほとんどの日は夫婦で一緒に夕食をつくり、食後は娘と遊んで過ごしていると、カミラは語った。

私たちが話を聞いたとき二八歳だったクルトは、男の子が生まれたばかりだった。妻は七歳年上。二人とも工学の修士号を取得していて、同じ会社の別の部署で働いていた。当時は妻が育児休業中で、息子が八ヵ月になったら自分が一〇ヵ月の育児休業を取るつもりだとのことだった。スウェーデンの家族政策はほかの国に比べて「素晴らしい」とクルトは言い、もっと大勢の男性がもっと長期間の育児休業を取得するようになれば、社会がもっとよい方向に進むだろうと語った。

日本とスウェーデンには似たような制度があるのに、人々の制度の使い方がこれほどまでに大きく異なるのは、なぜなのか。とりわけ、スウェーデンでは男性の一〇人中九人が育児休業を取得するのに（Duvander and Johansson 2012）、どうして日本で育児休業を取得する男性はきわめて少数にとどまっているのか。

スウェーデンでは男性の育児休業制度が導入されてからの歴史が長いため、男性たちが制度を利用することに慣れているからなのか。それもひとつの理由ではあるだろうが、それだけではない。見落としてはならないのは、スウェーデン政府が意識的に、女性の職業生活を支援し、同時に夫婦が望む数の子どもをもてるようにすることを目指してきたという点だ。スウェーデン政府は、共働き・共育てモデルを広めることこそ、二つの目標を同時に達成するうえで有効だと、早い段階で気づいていた。そして、そうしたモデルを確立するための取り組みの一環として、女性だけでなく、男性も仕事と家庭を両立できるようにする政策を採用してきた。

それに対し、日本の両立支援政策は、女性に仕事と家庭を両立する方法を教えることに終始してきた。男性稼ぎ手モデルを改めず、男性の人生が職場の規範に大きく左右される状況も変えようとしてこなかった。このように政策上の動機が異なるために、日本とスウェーデンの現状に大きな違いが生まれているのだ。スウェーデンでは、日本よりも男性の育児休業取得率が高く、家庭と職場でジェンダー平等が進展している結果として、日本よりも大幅に高い出生率を維持できている。

男性の育休取得を左右するもの

本章を締めくくる前に、ひとつ指摘しておきたいことがある。確かに、日本ではジェンダー本質主義がとくに根強く、しかも雇用主が社員の人生に及ぼす力が強いために、男性の育児休業取得を妨げる障害がことのほか大きい。しかし、男性が育児休業を取得することに職場が抵抗するのは、日本に限ったことではない。アメリカや北欧諸国など、ほかのポスト工業社会でも、ジェンダー本質主義的な考え方と、男性の育児休業に対する職場の抵抗がなくなったわけではないのだ。

日本と同様、ほかの国でも上司の姿勢が大きな影響を及ぼしている。アメリカのシンクタンク、ニューアメリカ財団の最近の調査によると、回答者の三分の二近くは、アメリカ人男性が家族のケアのための休業を取得しようと決める最も大きな要因として、上司の後押しを挙げている。また、勤務先で高い地位に就いている男性が休業を取得していることを挙げた人もおよそ六割に達した。第2章で触れた「仲間の影響力」に加えて、「上司の影響力」とでも呼ぶべき要因も働いているように見える。

仲間の影響力と上司の影響力は日本社会でとくに強力だと言われることがあるが、ニューアメリカ財団の調査からも明らかなように、地位が高い男性が育児休業を取得することは、アメリカでも大きな意味をもつと言えそうだ。同様の傾向は、スウェーデンでも見られている。リンダ・ハース、カリン・アラード、フィリップ・ホワンがスウェーデンの大企業を対象におこなった研究によると、育児休業を取得する男性の割合は企業によってまちまちで、その割合には三九％から八三％までの幅があった（Haas, Allard, and Hwang 2002）。そして、それぞれの企業の男性の育児休業取得率は、その会社の組織文化および職場の規範との間に統計上有意な関連性が見られることがわかった。

ハース、アラード、ホワンのさらなる研究によれば、育児休業についてのスウェーデン人男性の思いと実際の決断（育児休業を取得するか、どれくらいの期間取得するか）には、職場のさまざまな要素が強く影響を及ぼしている。育児休業に対する男性の姿勢に仲間の影響力と上司の影響力が関係しているのは、日本だけではないのだ。以下では、スウェーデンと同じ北欧の国であるノルウェーの興味深い研究を見ていく。

「仲間の影響力」と「上司の影響力」

ノルウェーは、スウェーデンに先駆けて、夫婦に認められる合計の育児休業期間の一部を夫しか取得できないものとする「父親クォータ」制度を世界で最初に採用した国だ。ノルウェーでは一九七七年に育児休業制度が導入されたが、インセンティブがとくにない状況では、大多数のノルウェー人男性が育児休業を取得しようとしないことが次第に明らかになってきた。実際、父親クォータが導入されるまで、男性の育児休業取得率はわずか三％にとどまっていた。そこで、ノルウェー政府は一九九三年、男性の育児休業を促すために、夫婦に認められる合計の育児休業期間のうち四週間分は、夫が取得しなければ権利が失われるものとする制度を導入した。この親クォータの期間は、二〇一八年に一五週間に拡大された。

最初に四週間の父親クォータが導入されたあと、ノルウェー人男性の育児休業取得率は三％から三五％まで上昇した。この点に関して経済学者による示唆に富んだ研究がおこなわれている。それによると、ノルウェーでも、男性が育児休業を取得するかどうかは、まわりの男性たちが取得するかどうかに強く影響を受けるという。

日本でのさまざまな調査や私たちのインタビュー調査から明らかなように、日本の男性たちは、みずからが育児休業の取得に消極的な最大の理由として職場の環境を挙げている。ノルウェーではどのようにして、男性たちが安心して育児休業を取得できる職場環境をつくり出すことができたのか。日本がノルウェーの経験から学べることはあるのか。

経済学者のゴードン・ダールらによる二〇一四年の研究は、ノルウェー人男性の職場での人的ネットワークと家族・親戚のネットワークが育児休業取得に及ぼす影響について調べている（Dahl et al. 2014）。一九九〇年代前半の育児休業改革以前、多くのノルウェー人男性は、育児休業を取得した場合に、上司や同僚からどう思われるかを心配していた。育児休業を取得することは、それまでの男性の典型的な行動と異ったからだ。日本の男性たちと同様、育児休業を取れば職場への献身が足りないと思われるのではないかと心配する人が多かったのである。

しかし、ダールらの研究によれば、一九九三年の育児休業改革の下、男性の同僚や兄弟が育児休業を取得すると、その男性自身が育児休業を取得する確率も大きく高まることがわかった。同僚や兄弟が育児休業を取得する姿を目の当たりにすると、育児休業を取った場合に職場で不利な立場に置かれるのではないかという不安が和らぐのではないかと、ダールらは推測している。同僚や兄弟が育児休業を取得することの効果は、公共部門より民間部門で際立っていた。民間企業で働く人たちは公務員よりも、育児休業の取得が雇用の安定に及ぼす悪影響について強い不安を感じていたのだろうと、ダールらは指摘している。この研究では、もうひとつ興味深い発見があった。上司が育児休業を取得した場合の効果は、同僚の場合の二・五倍に上ったのである。

ノルウェーでは、父親クォータの導入から一〇年の間に、男性の育児休業取得率が七〇％まで上昇した。ダールらの研究によれば、言ってみれば「雪だるま効果」が生まれたようだ。育児休業を取得する男性が増えて、それがほかの男性たちに影響を及ぼし、その結果としてますます多くの男性が育児休業を取るようになり、それがさらにほかの男性たちに影響を及ぼし……という好循環が生まれた、というわけだ。「最初に育児休業を取得する人たちがその後の取得率の上昇に対して先々まで大きな影響を及ぼす可能性がある」と、ダールらは記している。「時間を経るにつれて、影響が人的ネットワークを通じて波及していく」というのだ（Dahl et al. 2014: 2051）。

共働き・共育てモデルに向けて

アメリカでは、子育て支援のための制度が整っていないため、親たちは育児休業の取得や柔軟な勤務スケジュールについて勤務先と交渉しなくてはならないし、安価で信用できる保育施設を見つけることにも苦労している。それに対して、日本とスウェーデンでは、育児休業と公的保育サービスをめぐる環境がアメリカより整っているように見える。

アメリカのカップルが自分たちの理想を実現するためには、主体的に行動しなくてはならない。アメリカの環境は次第に、共働き・共育てモデルという理想を支援するものに近づいてきていると言えるだろうが、アメリカのカップルがそのような生き方を実践することは、スウェーデンのカップルよりはるかに難しい。アメリカではスウェーデンに比べて、職をもっている親の子育てを支援する社会政策が充実しておらず、職場でも長時間労働を求められたり、勤務時間の柔軟性が欠けていたりするケースが多いためだ。そこで、アメリカの親たちは仕事と家庭を両立させるためにさまざまな戦略を実践している。一方、スウェーデンの親たちは、アメリカ人と異なり、既存の権利を行使して仕事と家庭の両立という理想を実現させている面が大きい。

では、日本の状況はどうか。本書で指摘してきたように、日本では家族を支援するためのさまざまな社会政策が導入されているが、それらの政策は、共働き・共育てモデルではなく、主として男性稼ぎ手モデルを維持するべく設計され、企業の現場で実践されている。多くの日本の大企業では、昔に比べれば子育て中の女性社員が受け入れられるようになっている。今日、育児休業を取得する権利がある女性の大多数は、実際に育児休業を取得している。その点で、日本の働く女性たちはおおむね自分たちの権利を行使していると言っていいだろう。その結果として、日本人女性の生き方は大きく様変わりし、家事と育児を担いながらフルタイムで働く人が多くなった。しかし、日本人男性は概して、育児休業の権利を行使できない、あるいは行使していない。女性に比べると、男性の生き方はほとんどの側面であまり変わっていないのである。

本書の冒頭で投げかけた問いに戻ると、日本は、男女両方の人生への満足度を高め、共働き・共育てモデルを支援し、出生率を向上させることができるのか。それは可能だと、私は思っている。しかし、そのためには条件がある。それは、日本の政府と日本の企業、そして日本の人々がそのような変化を本当に望むことだ。次の第6章では、日本社会で変革への精神に火をつけるために、どのようなことが必要とされるかについて、私の考えを述べたい。

第6章　「社畜」から「開拓者」へ——どうすれば社会規範は変わるのか

男性稼ぎ手モデルの限界

男性稼ぎ手モデルは、もはや日本の男性と女性、そして日本の社会全体に好ましい影響をもたらしていない。「社畜」という言葉がよく用いられるように、多くの日本人男性は会社に厳しく束縛されていると感じている。実際、日本の男性たちがどのように生きるかは、みずからの願望や選択よりも、勤務先の会社の意向によって決まっている面が大きい。一方、女性たちは、育児と仕事という二重の負担に翻弄されている場合が多い。職場では、雇用主の求めに対処しなくてはならず、家庭では、仕事に忙殺される夫の貢献を期待しづらい状況で、妻として、そして母としての役割をこなすことを求められているのだ。二人の子どもをもつ主婦アリサの言葉を覚えているだろうか。「日本は、人間ファーストではなく、労働ファーストです」という言葉だ。

日本政府は「働き方改革」を通じて、幼い子どもがいる女性たちが長期間の育児休業を取得したり、時短勤務を選択したりできるようにし、男性たちにも育児休業を取得するよう促そうとしてきた。日本はポスト工業社会で年間平均労働時間が最も長いわけではないが、日本も含めて労働時間の長い国はそうでない国に比べて、人々の主観的な幸福度が低いことがわかっている（Ono 2018）。日本は、ポスト工業社会のなかで男性の主観的な幸福度が女性より低い数少ない国のひとつでもある。東アジア諸国の比較研究によると、東京の男性は、香港や上海、ソウル、台北の男性に比べて、ほかの人と協力して行動したり、自分の感情を表現したりすることが多いと答える人の割合が大幅に低く、逆に、孤独を感じていたり、モチベーションを失っていたりすると述べる人の割合が高い（Taga et al. 2019）。

また、社会学者の上村泰裕《かみむらやすひろ》がおこなった最近の研究によれば、自分の仕事は面白くなく、社会の役に立っているとも言えないと考えている人の割合は、ポスト工業社会のなかで日本が最も高いという。そのように答えた人は、スウェーデンとアメリカでは約九％にとどまるのに対し、日本では約三〇％に上っている。上村はこの調査結果を基に、「日本における仕事の意味の危機的状況が際立つ」と結論づけている（上村 2021:83）。

残念ながら、日本の長時間労働の文化は高い生産性につながっていない。日本の生産性は、アメリカ、カナダ、フランス、ドイツなど、多くのポスト工業社会よりも大幅に低い。北欧諸国（デンマーク、フィンランド、アイスランド、ノルウェー、スウェーデン）はいずれも、生産性が高く、ジェンダー平等が進展していて、男性が積極的に育児に関わるよう促す政策が整っており、出生率も比較的高い。日本はこのすべてが低い水準にとどまっている。

日本の社会はゆっくりとしか変われない運命にあって、歴史的に類を見ないペースで高齢化が進むことを受け入れて、それを前提に社会を維持する手立てを見いだすように方向転換すべきなのか。日本の男性と女性は、女性が男性の五倍以上も無償の家事労働を担わざるをえないような働き方と家庭内での役割分担を続けるほかないのか。

日本の政界と経済界のリーダーたちが、そして日本の多くの男性と女性が、男性稼ぎ手モデルを脱却し、共働き・共育てモデルへ移行することを本気で望まない限り、これらの問いの答えは「イエス」なのかもしれない。政治家や官僚、産業界のリーダーたち、それに夫婦と個人が大きな変化を欲しなければ、社会のあり方が大きく変わることは考えにくい。共働き・共育てモデルへの転換を成し遂げるためには、政治家や官僚、雇用主に始まり、個々の夫婦や個人にいたるまで、すべての当事者が努力を払う必要があるからだ。日本の社会がそうした難しい課題に向き合う意思があるかどうかが、いま問われている。

この最終章では、変化を加速させるための政策提案をおこないたい。私の提案は、大きくわけて四つの分野にわたる。公的保育の体制、既婚者の税制、育児休業、職場のあり方の四分野である。以下の提案は、主として二つの材料を基に導き出した。ひとつは、私たちのインタビュー調査に協力してくれた若い世代の日本人の男女が語った経験や思いだ。この人たちが時間を割いて忍耐強く質問に答えてくれたおかげで、日本の若い世代が経験している結婚、育児、仕事の実態が見えてきた。もうひとつは、社会科学者としての私の専門知識だ。私は大人になってからずっと、日本社会を研究し、日本社会を愛してきた。私の提案、そして本書で示した見方全般がどの程度有益なものかは、読者の判断にゆだねたい。

政策提案①子どもを保育園に入れづらい状況をできる限り解消する

この提案には、おそらく最も異論が少ないだろう。これが予算のかからない政策だというわけではないが、日本の政府と日本の親たちの間では、この点が最重要課題だという認識が広く共有されているように見える。私たちのインタビュー調査で見えてきた日本とスウェーデンの違いのなかでとくに際立っていた点のひとつは、スウェーデンで保育園探しに苦労したと答えた人がほとんどいなかったことだ。スウェーデン政府はかなり前から、必要とするすべての家庭が保育園を利用できるようにする方針を打ち出している。スウェーデンの研究によれば、夫婦が二人目の子どもをもうけようと考えるためには、公的保育と育児休業の両方を利用できることが重要だという（Andersson 2008; Hoem and Hoem 1996）。

私が「保育園の入園待ちをできる限り解消する」ではなく、「子どもを保育園に入れることが難しい状況をできる限り解消する」という表現を用いたことに留意してほしい。私がこのような提案をしたのは、私たちが話を聞いた人たちの多くが子どもの保育園を見つけるのに苦労していただけでなく、ほかの三つの困難に直面していたからだ。その三つの問題とは、保育園の入園時期に融通が利かないこと、二人目の子どもを第一子と同じ保育園に通わせることができない場合が多いこと、そして〇～二歳児を預かる保育園を見つけることがきわめて難しいことである。

私たちのインタビュー調査によれば、四月はじめ以外の時期に保育園に入園しづらい状況が原因で、日本の母親たちは不本意ながら育児休業を延長せざるをえないケースが多い。本人は一年間で育児休業を切り上げて職場復帰したいと思っていても、子どもを預けられないために育児休業を続けるほかないのだ（逆に、一年くらいは自宅で育てたいと思っていても、ちょうどよい時期での入園が難しいために、〇歳の四月に入園させざるをえないケースもある）。また、第二子や第三子を保育園に預けようとしたときに、第一子が通っているのとは遠く離れた場所の保育園しか見つからないケースもある。〇～二歳児の入園が難しいために、このようなことが起きる。

私たちが話を聞いたケンジと妻は、一年間にわたり二人の幼い娘を別々の保育園に毎日預けるという苦労を経験した。その状況は、一年後に上の娘の保育園に空きができて、下の娘も同じ保育園に預けられるようになるまで続いた。二〇一〇年に最初の子どもが生まれたあと、生活が少し落ち着いてくると、二人目をもうける相談を始めたと、ケンジは振り返る。ほどなく妻が妊娠した。夫婦は二人とも仕事をもっていたので、妻の育児休業が終わったあと二人目を預ける場所を探す必要があった。「(上の子が生まれたときは)保育園探しに少し苦労したけれど、共働きなので基本的には大丈夫でした。下の子が生まれたとき、しばらくは妻が実家に帰っていたのですが、妻が戻ってきたあと、下の子を同じ園に入れられなくて、別々の保育園になってしまいました。送り迎えが大変でした。朝は妻と二人でそれぞれ別々の保育園に送っていき、夕方は妻が二人を迎えに行くというふうにやっていました。幸い、次の年の四月からは、お姉ちゃんがいる保育園に妹も通えるようになりました。それまでの一年間は本当に大変でした」。

本書では、「子ども手当」および「児童手当」について回答者たちがどのような意見を述べたかには触れてこなかった。二〇一二年に最初のインタビュー調査をおこなったあとに制度変更があったことがひとつの理由だ。しかし、印象に残っていることがある。この手当のために費やす政府予算を保育園の増設に充てたほうが有効だし効率的だと、ほとんどの人が述べていたのだ。

◆政策目標①子どもを保育園に入れることが難しい状況を解消する。待機児童をなくす。とくに、第一子と同じ保育園に弟や妹を通わせたい場合に、入園待ちしなくてはならない状況をなくす。また、四月はじめ以外にも入園しやすいようにする。そして、〇～二歳児と三歳児以降の保育園需要とそれぞれの年齢ごとの保育園受け入れ枠のズレをなくす取り組みを継続する。

必要な賛同者：政府と自治体

期待できる短期的効果：一年間の育児休業期間が終わった時点で職場復帰することを望む女性たちが、勤務を再開しやすくなる。第一子と第二子を同じ保育園に通わせられるようになる。

期待できる長期的効果：子育てが女性の役割とみなされる風潮を和らげることができる。希望する女性がこれまでより早期に職場復帰しやすくなれば、（後述する育児休業法改正の効果と相まって）男性の育児参加が後押しされる。その結果として、子育てがもっぱら女性の役割とされるのではなく、夫婦二人の責任と位置づけられるようになるだろう。加えて、保育園不足を解消し、子どもがいる既婚女性がフルタイムの職に就きやすくなれば、日本経済にも大きな好影響が及ぶ。

政策提案②既婚者の税制を変更する

日本社会を共働き・共育てモデルに近づけるには、税制を変えることも有効だろう。日本の女性は、税制の面で年収を一五〇万円までに抑えることが実質的に奨励されている。夫の年収が一一二〇万円に満たない場合、妻が年収をこの金額までに収めると、夫が三八万円の所得控除を受けられる仕組みになっているのだ。妻の年収が増えるにつれて控除額は減り、妻の年収が二〇一万円を超えると控除がゼロになる（また、夫の年収が一一二〇万円を超えると控除額が少なくなり、一二二〇万円を超えるとゼロになる）。また、妻の年収が一定の基準を超えると、年金保険料も納めなくてはならない。収入がそれよりも少なければ、みずから保険料を納付しなくても、夫の配偶者という立場で国民年金の受給資格を得られる。

この制度の妥当性をめぐっては、これまで多くの議論がなされてきた。そうした議論を受けて、二〇一八年にこの「配偶者控除の壁」が年収一〇三万円から現在の一五〇万円に引き上げられた。このような税制は、既婚女性が年収を「壁」より少なく抑えるために、労働時間を制限するよう促す意味をもつ。また、この制度は実質的に、正社員として働く既婚女性を不利に扱うものでもある。日本経済は女性の労働力を強く必要としていて、キャリアを確立したいという意欲をいだく女性も増えているにもかかわらず、である。

妻が高収入を得ると損をする仕組みがあるために、キャリア志向の強い女性のなかには、結婚そのものに消極的になっている人がいる可能性もある。ニッセイ基礎研究所の久我尚子《くがなおこ》によれば、日本の若い女性たちは、（給料の安さや雇用期間の短さから判断して）夫の収入を補うことが主目的とみなせる職に就いている人より、長く働き続けられる職に就いている人のほうが子どもをもつことに前向きだという。前述したように、スウェーデン政府は自国に同様の傾向があることを認識していて、一九七〇年代以降、女性が子どもを産む前にキャリアを確立するよう促し、出産後も将来にわたり働き続けたいという意欲をもたせることを目指してきた。

専業主婦世帯（その割合は減り続けているのだが）の支持を失いたくない日本の政治家たちにとって、配偶者控除の制度はいまも政治的に意味があるのかもしれない。しかし、それは日本経済にとって現在も理にかなっているのか。そうとは考えにくい。一九六一年に配偶者控除が導入されたとき、二〇〜五四歳の働き盛りの人口は非常に多く、日本は潤沢な労働力

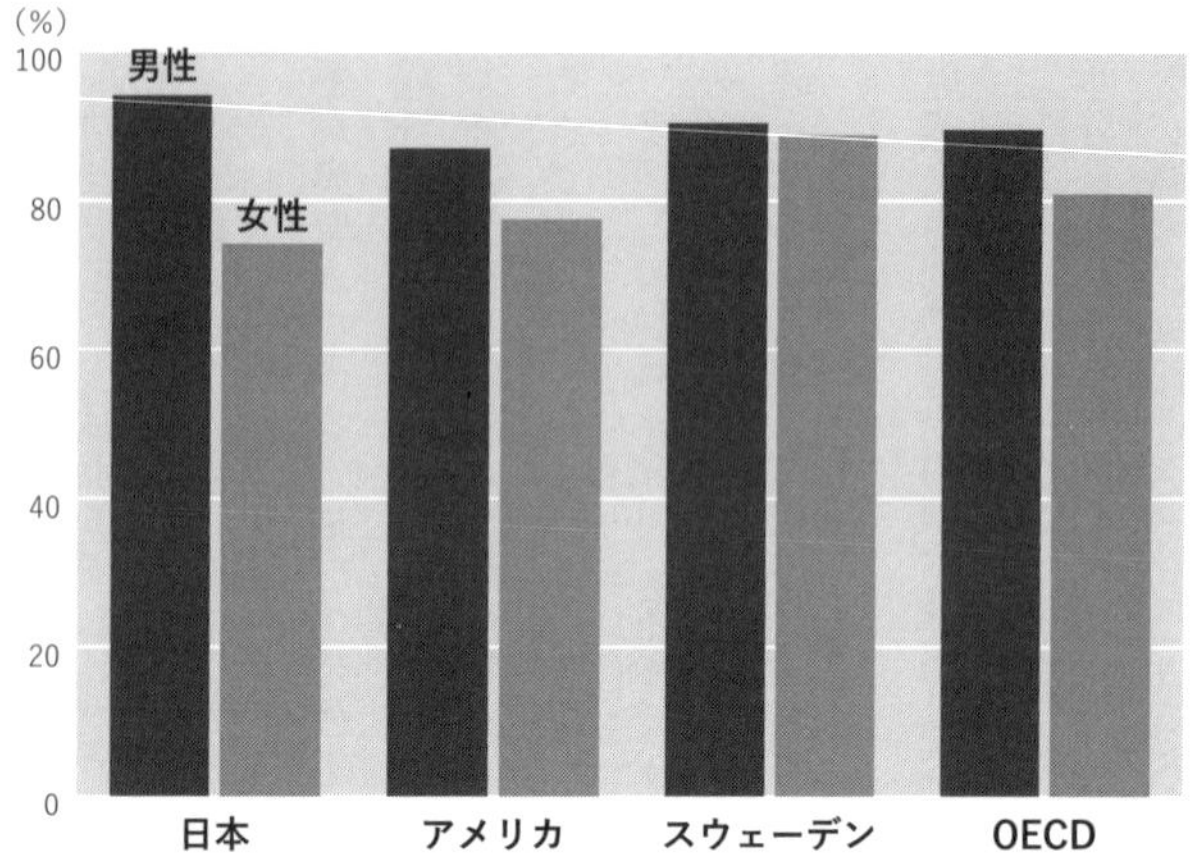

図 6-1

教育レベルの高い男性と女性の労働参加率

出典：OECD Education at a Glance, 2016.

に恵まれていた。それに対し、今日の日本経済は働き手不足に悩まされている。多くの企業、とりわけ中小企業は、十分な数の働き手を採用できていないのが現状だ。端的に言えば、日本経済はかつてなく、フルタイムで働く女性たちを必要としている。労働市場に全面的に参加したいと考える多くの女性たちの希望をかなえることは、経済成長を促進したい日本政府の利害に沿うものでもあるのだ。

日本で女性の人材がいかに活用されていないかを確認するために、日本、アメリカ、スウェーデン、OECD加盟国全体について、高いレベルの教育を受けた人のなかで職に就いている人の割合が男女でどれくらい違うかを見てみよう。図

6-1にあるように、日本では、その割合は男性のほうが女性よりも二〇ポイント近く高い。この差は、アメリカでは一〇ポイント前後、スウェーデンでは二ポイント未満、OECD諸国全体でも九ポイントにすぎない。日本の約二〇ポイントという差は際立っている。

◆政策目標②既婚女性に年収を抑えるよう促す仕組みをなくす。

必要な賛同者：政府

期待できる短期的効果：既婚女性が仕事の経験を積み、フルタイムで働こうという意欲をもちやすくなり、その結果として、日本経済が切実に必要としている労働力が供給される。

期待できる長期的効果：女性が仕事の経験とスキルを蓄えることにより、日本経済の生産性が向上し、経済成長が後押しされる。男女の賃金格差が縮小する効果も期待できる。夫と妻の給料の差が小さくなれば、共働き・共育てモデルへの移行がさらに促進されて、ジェンダー本質主義と性別役割分業が弱まるだろう。

政策提案③さらなる法改正により、男性の家庭生活への参加を促す

二〇二一年六月に成立した改正育児・介護休業法（二〇二二年四月施行）では、大きくわけて二つの点で既存の育児休業制度に変更が加えられた。男性の育児休業に関する変更と、雇用主に求める行動についての変更である。ここまで述べてきたように、男性が育児休業を取得することは、共働き・共育てモデルを後押しするうえできわめて大きな意味をもつ。では、この法改正には、男性の育児休業取得を促す効果がどの程度期待できるのか。

二〇二一年の改正法には、たとえば以下の内容が盛り込まれている。①妻の出産後八週間の間に、夫が最大四週間の「出生時育児休業」（いわゆる男性版産休）を取得できるものとする。この四週間の休業期間は、仕事の状況に応じて二回にわけて取得できる。②既存の育児休業（男女とも）も、子どもが一歳になるまでの期間に二回にわけて取得できるものとする。これにより、短期間の育児休業を数回取得することも可能になる。③労使協定を締結している場合で、本人が同意すれば、出生時育児休業の期間中にも働けるものとする（上限は全体の半分の時間）。

男性の育児休業の時期と期間に柔軟性をもたせることには、大きな効果がありそうだ。育児休業の分割取得が可能になれば、夫婦は最も必要な時期に仕事を休みやすくなる。その利点は、前章で紹介したスウェーデンの夫婦たちの経験からも明らかだ。私たちが話を聞いた

日本人の男女の間にも、育児休業を柔軟に取得できるようになることを望む声が多かった。

私たちが話を聞いたケイスケと妻には、最初のインタビューのあと、二度目のインタビューまでの間に第一子が誕生した。ところが、ケイスケは育児休業を取得できなかった。「出産前の一週間と出産後の一週間がとくに大変なので、できれば二週間欲しかったですね」と、ケイスケは私たちに語った。

子どもが生まれる前後の数週間、あるいは生まれた直後の数週間、父親が仕事を休めれば、夫婦の間の、そして子どもと父親の間の絆をはぐくむうえで有効な一歩になる。別の章で紹介したように、私たちが話を聞いた人たちの家庭では、出産後しばらく妻が自分の実家や夫の実家で過ごすケースがしばしばあった。その結果として、妻が育児に取り組むうえで、夫よりも自分や夫の親に頼る傾向に拍車がかかっている。その点、子どもが生まれて間もない時期に、父親が育児にもっと積極的に関わるようになれば、父親が家庭で大きな役割を果たす土台になるだろう。

ユイは、最初のインタビューのあと、二度目のインタビューまでの間に、第二子と第三子を出産していた。二度目に話を聞いた際に、どのように政策を変更すべきだと思うかと尋ねると、育児休業の柔軟性を高めるべきだと述べた。「育休を取りやすい環境をつくるのはもちろんですが、現状では取れる期間が固定されているので、それを変えるとずいぶん負担が減ると思います。私の育休が終わったとしても、子どもが三歳になったときや、小学校に上がった最初の一年間に、旦那が休んでくれれば、だいぶ違います。そうすれば、子どもが小学校に入るタイミングで仕事を辞める女性も減るでしょう。子育てについて、ある程度余裕をもって考えられるようになると思います」。子どもが一人いるクミコも同じ意見だ。育児休業を小分けにして取得できるようにすれば「男性は取りやすいんじゃないかと思います」と、二度目のインタビュー調査で述べている。「そういう制度があれば、うちの夫も取るかもしれません」。

二〇二一年の改正法で、育児休業を取得する時期を柔軟に選べるようにしたこと、そして妻の出産直後に夫が育児休業を取得するよう促したことは、賢明な措置と言えそうだ。一方、この改正法では、前述したように、労使協定が締結されていて、本人が同意することを条件に、出生時育児休業を取っている男性が最大で全体の半分の時間まで働けるものとしている。その際、企業が社員に「半分の時間」で処理し切れない量の業務を課すことは避けなくてはならない。この期間はあくまでも、夫婦が子どものことを知り、一緒に子どもの世話をする方法を学ぶための時間であるべきだ。その原則が揺らぐことがあってはならない。

私は、男性向けの出生時育児休業制度に加えて、さらなる制度を導入することを提案したい。育児休業を取得する男性には、母親の産後休業期間と同じ八週間まで、給料の一〇〇%

を保証すること。そして、母親と父親の公平性を保つために、母親には産後休業中、給料の一〇〇%を保証することである。

私たちが話を聞いた日本の男性と女性の多くは、男性が育児休業を取得すべきでない主たる理由として、世帯の収入減を挙げていた。世帯収入の減少を招かない形で男女ともに育児休業が取得できれば、制度のより積極的な活用が期待できるだろう。育児休業中に給料の一〇〇%の所得を保証するための財源を確保するには、強力な政治的リーダーシップが必要とされる。しかし、次世代を担う子どもたちの育児に両方の親が積極的に参加するためには、重要なことだ。

▼追加の政策提案

育児休業を取得する男性には、八週間まで給料の一〇〇%を保証する。

母親には産後休業中、給料の一〇〇%を保証する。

育児休業の時期を柔軟に選べるようにし、育児休業中に給料の一〇〇%の所得を保証すれば、男性の育児休業取得を強く促せるだろう。また、日本政府と日本企業は、スウェーデンの制度を参考にしてもいいかもしれない。前述したように、スウェーデンでは一九七〇年代後半以降、親は子どもが小学校に入学するまで、労働時間を七五％まで減らす権利を認められている。この制度のおかげで、スウェーデンでは、母親だけでなく父親も幼い子どもと一緒に過ごす時間を確保しやすくなっている。

仲間と上司の影響力を生かせるか

二〇二一年六月の改正育児・介護休業法には、雇用主に求められる行動に関しても新しい規定が盛り込まれている。具体的には、①新しい出生時育児休業制度において、男性社員による休業の申請を原則として休業期間の二週間前まで受けつける（既存の育児休業制度では一カ月前）、②自社の育児休業制度を社員に周知し、取得の意向を個別に確認する、③（大企業に対しては）男性の育児休業取得率を公表することが求められる。男性の育児休業取得率を公表させることの狙いは、男性が育児休業を取得しやすい社会の雰囲気づくりにある。

この種の措置の有効性について考えるうえで頭に入れておくべきことがある。それは、日本の男性が育児休業を取得しない最大の理由が「男性は育児休業を取得すべきでない」という強力な社会規範にあるという点だ。このことは、私たちのインタビュー調査やさまざまなアンケート調査によっても裏づけられている。では、この改正法には、日本の男性たちが「規範の開拓者」として行動し、男性の育児休業取得を妨げる社会規範を打破するよう促す効果がどの程度あるだろうか。

あまり大きな効果は期待できないと、私は考えている。なぜか。これらの新しい制度では、本書で紹介した「仲間の影響力」も「上司の影響力」（第2章・第5章参照）も活用できず、「多元的無知」（第2章参照）も解消できないからだ。この三つの要素すべてに共通して言えるのは、既存の規範（たとえば「男性は育児休業を取得すべきでない」というもの）を変えたければ、人間関係の力を活用すべきだという点である。ところが、この改正法ではそのことがまったく考慮されていない。日本の男性が育児休業について意思決定をおこなうとき、職場の上司や同僚との関係を意識せざるをえない状況を変えようとしているとは思えない。

第2章で、育児休業に関する日本人男性の多元的無知について述べた。日本の男性たちは、職場のほかの男性たちが育児休業についてどのように考えているかを正確に理解できていない可能性が高い。もし、同僚男性たちが育児休業に肯定的だと確信できたり、実際に職場で同僚男性が育児休業を取得するのを目にしたりすれば、仲間の影響力が作用して変革が促される可能性がある。前述したように、ノルウェーの場合がまさにそうだった。しかし、この改正法では、こうした点に関する対策が講じられていない。また、やはり第2章で指摘したように、多くの日本人男性が育児休業の取得をためらう理由としては、同僚に迷惑をかけたくないという点も挙げられる。改正法は、この問題も解決しようとしていない。

私たちが話を聞いた日本人男性のなかには、社内で高い地位にある男性たちが育児休業を取れば、自分も取りやすくなると述べる人も多かった。こうした上司の影響力の有効性は、北欧諸国でも実証されている。しかし、改正法はこの影響力も生かそうとしていない。では、改正法では、男性が育児休業の取得に躊躇する状況をどのようにして変えようとしているのか。それがまったく見えてこない。

北欧諸国のように、仲間の影響力と上司の影響力をうまく活用する「自然な」方法はないのか。私たちが話を聞いた日本の回答者の多くは、そうした状況を望んでいる。たとえば、ヒロシは二〇一九年にこう語った。「育休を取ることが当たり前だったら、取っていたと思います。社員の六割とか七割が取っていれば、当たり前の権利として取っていました」。

上司の影響力を活用することの有効性を直感的に感じ取っていた人も多かったようだ。エミコは最初に話を聞いたとき、このように述べている。「ただ制度があるだけになっている感じがします。制度をもっと実際に利用しやすくできればいいのですが……。官僚が実例を示せばいいのかもしれません」。

ほかにも、高い地位に就いている男性がお手本を示すことが重要だと考えている人は多かった。しかし、二〇二〇年に合計二週間の育児休業を取得した小泉進次郎・環境相（当時）のような人は、手厚い支援を受けられるので普通の人とは違うという見方をする人たちもいた。「『あんた、助けてもらっているでしょ』と思ってしまう」と、ミナコは語った。それでも、人気のある有名人男性が育児に参加しながら仕事をしている姿を見せれば、好ましいメッセージを発信できるだろうと、ミナコは考えている。「働いている女性や働いている男性で、超カッコいいと誰もが思っているような人がやればいいと思います。きっちり仕事をこなしている人が育児もしている姿を見せることは、メッセージを伝えるうえで有効な気がします」。

育児休業を取得する男性のお手本が欲しいと語る人は男女ともに多いが、日本では現実問題として難しい。アメリカでは、上司が部下と同世代だったり、上司のほうが若かったりするケースも珍しくない。そのような職場環境では、男性管理職の育児休業取得を促すことにより、部下の男性たちも取得しやすくなるという好循環を生み出せる可能性がある。そうやって、北欧諸国と同様の「雪だるま効果」が生まれると期待できる。

しかし、日本では年功序列制での昇進が基本となっているため、課長はたいてい四〇代で、部長はもっと年上だ（Kubo 2001）。この年齢層の男性たちは、子どもがもう大きくなっている場合が多い。それに、日本の民間企業で男性の育児休業取得率がきわめて低いことを考えると、いま課長や部長の地位にある男性たちは過去に育児休業を取得した経験もおそらくない。そのため、日本の職場では上司の影響力を活用して男性の育児休業取得を促すことは難しい。しかも、日本のデジタル競争力とビジネスのアジリティ（機敏性）の不足を指摘した最近の論文で述べられているように、日本の有力企業の上級管理職の八〇％以上は、職業人生を通してひとつの会社でしか働いていない（East Asia Forum, May 2021）。この人たちは、いまの会社の文化のなかでしか働いたことがないのだ。

一方、女性管理職は男性管理職に比べると、部下の男女が子育て支援制度を活用することを後押しする傾向があるが（Fuwa 2021）、女性管理職は未婚の場合が多く、育児休業取得のお手本にはなれない場合が多い。社員数三〇〇人以上の日本企業で管理職を務めている女性の四〇％以上が独身だという。男性管理職の場合、独身者の割合は九％に満たない（JILPT 2014〔Fuwa 2021 に引用〕）。

北欧諸国は、育児休業の取得を奨励する措置（休業期間の所得保証を手厚くしたり、休業の取得時期の柔軟性を高めたりするなど）を充実させていることに加えて、仲間の影響力と上司の影響力をうまく活用して、男性の育児休業取得率を高めることに成功している。しかし、これらの国々では、ジェンダー平等の考え方が政治や公的言論の重要な要素になって久しく、この点が仲間の影響力と上司の影響力を生かすうえで一定の役割を果たしてきた可能性が高い。日本では、北欧諸国に比べるとジェンダー平等の考え方や規範が根づいているとは言い難く、これらの効果を生かすための一貫した政策を採用しない限り、男性の育児休業取得率が大きく向上することは考えにくい。では、どのような措置を講じればいいのか。

多元的無知を解消するために

日本の職場で仲間の影響力と上司の影響力を活用することは難しいかもしれないが、多元的無知への対策を取ることはできるかもしれない。そのためには、企業に対して、自社の育児休業制度について社員に説明するよう求めるだけでなく、男性社員たちがどれくらい育児休業を取得したいと思っているかというデータを示すことも求めてはどうだろう。二〇二二年四月から、本人または配偶者の妊娠・出産等を申し出た労働者に対して、事業主は育児休業制度等に関する周知と意向確認を個別におこなうものとされた。その結果をまとめて、社内で周知するものとしてはどうか。

ここで重要なのは、男性社員の意向を尋ねる際に、本当の思いを引き出せるような言葉遣いで質問することだ。本音を語った場合に不利な扱いを受けるのではないかと心配せずに、どのような願望をもっているかを語れるように配慮する必要がある。

▼追加の政策提案
多元的無知を解消するために、本人または配偶者の妊娠・出産等を申し出た男性社員のどれくらいの割合が育児休業の取得を望んでいるかについて、社内で周知することも求める。

男性の育児休業を義務化すべきか

次に、育児休業に関する私の政策提案のなかで最も過激なものを紹介したい。二〇一二年の最初のインタビュー調査で、男性の育児休業取得の妨げになる障害について回答者たちが語った言葉を聞いて、私は二〇一九〜二〇年の二度目のインタビュー調査で、ある質問を追加した（この時点では、二〇二一年の育児・介護休業法改正案の国会審議はまだ始まっていなかった）。「政府が企業に対して、男性に短期間でも育休を取得させることを義務づける政策を打ち出したら、どう思いますか。そのような政策に賛成ですか、反対ですか。なぜそう思いますか」という問いである。

ヒロシは、二〇一二年に話を聞いたとき、すでに先見の明がある意見を述べていた。「会社は男性の育休取得を推進すると言っていますが、取るつもりはないです」と語り、「一週間でも取らない？」と尋ねると、「一週間ぐらいなら取るかもしれません」と述べた。そして、日本政府への提案があれば聞かせてほしいという問いに対しては、単刀直入にこう答えた――「（育休の取得を）義務化すればいい」。

私たちが二〇一九～二〇年におこなったインタビュー調査では、政府が男性の育児休業取得を義務化すべきだと述べる人が大多数を占めていた。しかし、二〇一二年の調査の時点では、半分あまりの人が男性の育児休業に否定的な考えをいだいていた。二度の調査の間に、三分の一くらいの人が男性の育児休業についての考え方を変えたことになる。どうして、そのようなことが起きたのか。

男性育児休業に対する意識の変化

私たちの二度目のインタビュー調査を見る限り、いま多くの日本人は、社会のあり方を変革し、男性が家庭生活でもっと積極的な役割を担うようにするために必要な措置を支持していると言えそうだ。私たちが二度目の調査で話を聞いた人は五一人。そのうち約八七％が男性の育児休業取得を義務化すべきだと述べたのだ。性別ごとに見ると、女性の回答者の七八％、男性の回答者の九三％がそのように答えている。なお、二〇一二年の時点で独身だった回答者のほとんどは、二度目の調査までに結婚していた。したがって、二度目の調査の回答者の大半が既婚者だったことになる。

男性の育児休業義務化を支持した回答者たちの言葉からくっきり見えてくるのは、これまでの常識に従うよう求める社会的プレッシャーが男性たちに重くのしかかっているという認識だ。回答者たちは、男性の育児休業取得を義務化すべきだと考える理由として、主に以下の二つの点を挙げた。①日本社会では、文化の変化が非常にゆっくりとしか進まないこと。②（現状のように）育児休業の取得が本人の選択にゆだねられている場合、取得した数少ない男性たちに負のレッテルが貼られること。男性社員の育児休業取得が義務化されれば、そのようなレッテルを貼られることはなくなるだろう。

また、男性の育児休業取得を義務化すべき理由として、多くの回答者が挙げた理由がもうひとつあった。そのような制度が導入されれば、会社が職場の仕組みを整えて、育児休業を取得しても同僚にあまり迷惑をかけずに済むようになるだろうと、期待している人が多かったのだ。

文化の変化があまりに遅い

政府が男性の育児休業を義務化しない限り、日本社会の文化はきわめてゆっくりとしか変わらないだろうと、男女を問わず、多くの回答者が語った。たとえば、ケイタは、男性の育児休業に否定的な規範が根強い状況で育児休業を取ることのリスクを感じていて、義務化を強く支持している。「賛成。賛成。賛成。日本人は、圧力がないと変わりません。主体的にものごとをよくしていくというより、どうしても横を見て動く。政府が強制するのはとてもいいことだと思います」。

ヒサシは、最初に話を聞いたときは男性の育児休業に否定的な意見を述べていた。しかし、二度目の調査では、義務化に賛成するようになっていた。ジェンダーに関する古い固定観念を改めるために、その必要があるというのが理由だ。「賛成ですね。政府がどういう意図で強制するかにもよりますが、ヨーロッパみたいに（男性が育休を）当たり前に取るようにしたければ、まず強制的に取らせて、『女性が育児をして男性が働く』という固定観念を変えていく必要があると思います。強制はあまりよくないのかもしれないけれど、そうでもしない限り、最初の一歩をなかなか踏み出せないと思います」。

ユイも男性の育児休業取得の義務化に賛成だという。「『男性も育児に参加できるようにしましょう』『男性も育休を取りましょう』と言っても、実際にはできていない会社が多いと思います。ある程度強制力をはたらかせて、そのための仕組みをつくらなければ、ただ時間が過ぎていくだけになりかねません。一〇年、二〇年経っても、男性の育児参加が普通になる時代が来ない、ということになってしまう。（義務化に）効果があるかはわかりませんが、まずやってみるのはいいことだと思います」。

第3章などで紹介したチエも、義務化を強く支持した。官庁で有期雇用の事務職員としてフルタイムで働いていた女性だ。「賛成ですよ、とても。スウェーデンみたいに進んだ国に仲間入りできるのであれば、やってもいいと思います。政府が『育休を取ってください』と言っても、みんな取らないでしょう。それは日本人だからなのかもしれません。ほかの人が全員取らないと、それが『マスト』にならないと、ダメだと思います」。

育児休業を取得した男性への負のレッテルを解消できる

男性の育児休業を義務化すべきだと考える理由として、多くの回答者が挙げたもうひとつの理由は、男性の育児休業にまつわる負のレッテルを解消できるというものだった。育児休業の取得が本人の選択にゆだねられている現状では、取得した男性が色眼鏡で見られてしまう。ケイタが二度目のインタビュー調査で語った話によれば、職場で過去二〇年間に育児休業を取得した男性は一人だけだとのことだった。「取ってもいいし、取らなくてもいいと言われれば、取らない人のほうが偉いという雰囲気になってしまう。これでは結局、状況は変わりません」。

トモミは、二〇一二年に話を聞いたときは独身だったが、その後結婚した。二〇一九年に再び話を聞いたときには、子どもが欲しいと思っていて、男性の育児休業取得を義務化することに賛成だと述べた。「賛成です。無理にでも取らせないと、不安や遠慮があって取れない人のほうが多いと思います。それくらい無理やりやってもらったほうがいろいろな人が助かる気がします」。具体的にどのような不安があると思うかと尋ねると、トモミはこう答えた。「みんなが働いている間に仕事を休むことに不安があると思います。男性だったらぜったいに無理だと思う」。

前出のマサシは、育児休業を取得する際に「リスクを覚悟」しなくてはならなかったという。日本の男性は育児休業の権利をもっているけれど、実際にその権利を行使できると感じている人はほとんどいないと、マサシは述べた。「後押ししてもらえれば、その権利を使ってもいいのだと思えるでしょう」。この点は重要だ。ケイスケも率直にこう語っている。「育休を取りたいのに、しかも取る権利をもっているのに、実際には使えないというのは、いちばん意味がないことだと思う」。

企業の対応を促す効果が期待できる

以上の二つの点に加えて、男性の育児休業取得を義務化すれば、男性社員が一時的に不在になる状況に企業が対応するようになるだろうという期待を口にした回答者もいた。そうした体制が整えば、同僚に「迷惑をかける」ことを心配せずに育児休業を取得できるようになるというわけだ。私たちが話を聞いた人たちのなかには、男女ともにこの点を気にする人が多かった。

ケイタは二度目の調査でこう語った。「前と同じ状況で職場に戻れるなら、育休を取ってもよかったと思います。でも、現実的にはそうはいかないのです。育休中の仕事を誰かにやってもらわなくてはならない」。育児休業を取ることを想像しただけでぞっとすると、ケイタは語った。「同じ部署に戻れても、同じ顧客を担当できるとは限りません。『あいつは育休を取って……』という目で見られると思うんですよね」。

この点に関しては、社会科学の研究が参考になる。社会心理学者のクリスティン・ホーンの研究によれば、ある社会規範が長い目で見て集団に恩恵をもたらさなくても、集団のメンバー間に相互依存関係が存在すれば、既存の規範がとりわけ強力になり、それを破った場合に払わされる代償がきわめて大きくなるという。日本人が育児休業を取得することで同僚に「迷惑をかける」ことを恐れるのは、まさにこのパターンに思える。男性社員が育児休業を取っている間の代役が用意されない限り、同僚たちに負担がかかる。育児休業を取れば、同僚たちの怒りを買うことが予想できるのだ。その結果、男性は育児休業を取得すべきでないという規範が強まり、人々はその規範に従って行動することになる。

私たちのインタビュー調査と、私たちの回答者と同じ年齢層の男女を対象にした別の研究

（Takahashi et al. 2014）によると、男女の社員が育児休業を取得する際に代役の働き手を雇っている会社はほとんどない。そのため、職場で誰かが育児休業を取れば、同僚たちが仕事を肩代わりしなくてはならず、とくに大企業では残業が増える場合が多い。これでは、育児休業を取った社員に対して同僚たちが強い反発を感じても不思議でない。

男性が同僚への「迷惑」を心配せずに育児休業を取得できるようにするために、上司にある程度の責任をもたせるべきだと、私は考えている。男性たちが育児休業にもっと前向きになるだけでは十分でなく、上司が業務を調整して、育児休業後に職場復帰した社員が人間関係で苦労しないようにすることが重要だからだ（この点は、女性社員が育児休業を取得する場合にも大切なことだ）。

私の友人のマサシは、自分の会社で男性育児休業の第一号になる前に、職場の男性たちと話して、育児休業明けにはもっと仕事を頑張ると言い、男性社員が育児休業を取得する場合はその人の仕事を引き受けると約束した。マサシのように「開拓者」として行動できるだけの自信があり、職場の人間関係が良好な人ばかりではないだろう。しかし、男性がもっと安心して育児休業を取れるようにすることを目指すなら、育児休業を取る社員、職場の同僚たち、そして上司が話し合って計画を立てて、育児休業中にどのように仕事をおこなうかを決めておくのが理想だ。二〇二一年の改正育児・介護休業法で可能になったように、二～四週間くらいの短期間の育児休業を取得する場合は、とくにそれを実践しやすいだろう。
そこで、次のことを提案したい。

▼追加の政策提案
上司に対して、育児休業を取得する社員とその同僚たちと一緒に、育児休業中にどのように仕事をおこなうかという計画を立てるよう義務づける。

そして、単に男性社員たちに育児休業制度を提供するだけでなく、育児休業の取得を義務づけるべきだ。

▼追加の政策提案
ここまで提案してきた政策に加えて、子どもが生まれたあと八週間以内に、少なくとも四週間の育児休業を取得するよう男性たちに義務づける。

必要な賛同者（育児休業関連の政策提案全般について）：政府、財界団体、企業、男性と女

性の働き手たち
期待できる短期的効果：夫婦にとって子育ての役割分担の選択肢が広がる。
期待できる長期的効果：「育児は女性の役割」という固定観念が弱まり、男性の育児参加が後押しされることにより、子育てが夫婦二人の責任とみなされるようになる。それに伴い、ワーク・ライフ・バランスが「女性の問題」ではなく、「人間の問題」と位置づけられやすくなる。

政策提案④ジェンダー中立的な平等を目指す

私が最後におこなう提案は、ジェンダー平等に関する考え方を変えるというものだ。その新しい考え方に基づいて働き方改革を推進するべきだと、私は考えている。

最近、一部の社会人口学者の間で新しい考え方が唱えられはじめている。それは、ジェンダー平等には二つのタイプがあるという考え方だ。考えてみれば当然のことだが、ジェンダー平等を達成するためには、女性を男性に近づけてもいいし、男性を女性に近づけてもいい。

日本は、これまで主として前者の方法によりジェンダー平等を成し遂げようとしてきた。これは「男性的なジェンダー平等」とでも呼べばいいだろう。日本政府は、社会の急速な少子高齢化による労働力不足に歯止めをかけることを主たる目的に、有償労働に就く女性を増やす取り組みを懸命に推進してきた。しかし同時に、女性には子どもを産むことも期待されている（少なくとも二人以上出産することが望ましいとされている）。要するに、日本の女性たちは、男性のように有償労働をおこない、そのうえで、仕事に就いていないかのように家庭で家事と育児の責任を果たすことも求められているのだ。

しかも、ワーク・ライフ・バランス重視の一環として企業が導入している時短勤務などの制度は、女性社員が仕事と育児を両立させる助けになってはいるが、その種の制度を利用した女性は、職場で権限の小さい役割に押しやられてしまう。その一方で、男性たちは長時間労働を求められ続けている。夫が家庭生活に参加しやすいようにする仕組みは、いまだに整っていない。

こうした「男性的なジェンダー平等」とは対照的に、共働き・共育てモデルを後押しする北欧諸国が歩んできたのは、ジェンダー中立的、もしくはジェンダーのバランスが取れたジェンダー平等への道と言えるだろう（Plach et al. 2021）。女性が有償労働への参加を増やすという点で「男性的」になる一方で、男性も家庭生活への参加を増やすという点で「女性的」になったのだ。これらの国々の男性たちは、一家の主たる稼ぎ手の役割を果たす必要に迫られて行動するのではなく、家庭を円滑に機能させ、適切に子どもの世話をするために日々の役割を果たすべく行動するようになった。

日本の女性は男性に近づくために最大限の変化を遂げてきたが、日本の男性は女性に近づくための変化をほとんど遂げていない。本書の記述を通して理解してもらえていると願っているが、私は変化の遅さを理由に日本の男性たちを「非難」したいとは思っていない。日本の厳しい労働環境、雇用主が男性社員の職業生活を（ひいては家庭生活も）強力にコントロールする状況、そして、そのような夫の状況に合わせて妻がみずからの職業生活と家庭生活を調整しなくてはならない現実は、日本社会全体にとって不健全ではないか――私が心配しているのはこの点だ。

この状況がいったい誰の得になるのか。日本の社会のあり方は非常にゆっくりとしか変わっておらず、現状が安定した均衡状態になっているように思える。このような状態は、家族や個人、そして社会全体に恩恵をもたらしているのか。それとも、この状態は、賛同者が減り続けている社会規範により支えられているにすぎないのか。

一九八四～八五年、男女雇用機会均等法の制定をめぐる議論が大詰めに差し掛かっていた頃、私は東京で生活していた。そのとき、労働組合、財界団体、フェミニストなど、さまざまな人たちがどのような主張をしていたかをよく覚えている。とくに記憶に残っているのは、日本のフェミニストたちが展開した主張だ。その主張の中心は、女性の職業生活を男性に近づけるのではなく、男性の職業生活をもっと女性的なものにし、女性の職業生活のあり方に近づけるべきだというものだった。これは、ジェンダーのバランスが取れたジェンダー平等と一致する考え方だ。

私たちが話を聞いた女性の一人がこのような考え方を明快に語っている。最初のインタビュー調査のときに三五歳で、はじめての子どもを妊娠中だったナツキは、こう述べた。「朝九時に家を出て、夜中まで帰ってこられないような日々を送りたくありません」。

いま必要なのは、男性がもう少し女性のようになることを促す仕組みだ。私がこのようなことを主張するのは、私の国であるアメリカも、ジェンダーのバランスが取れたジェンダー平等ではなく、男性的なジェンダー平等へ向かっているように思えるからでもある。アメリカ人の労働時間は、この二〇年間で大きく増加した。そして、アメリカの出生率は日本ほど低くはないものの、下落傾向にある。一部の男性と女性、とりわけ教育レベルの高い人たちは、仕事に忙しすぎて、二人以上の子どもを育てるエネルギーがないように見える。そんなアメリカは、ワーク・ライフ・バランスに関して日本のお手本になりうるのか。私の答えは「ノー」だ。

第1章で述べたように、アメリカは日本よりも家族にやさしい社会だと言えるかもしれない。その一因は、アメリカ人のほうが家族の定義を広く考えていることにある。その点は、これからも変わらないだろう。しかし、日本の職場とアメリカの職場はいずれも、いまや多数派である共働き夫婦のニーズに合わせて、北欧諸国のような共働き・共育てモデルをもっと支援すべきだ。私の最後の政策提案の土台には、そうした認識がある。

◆**政策目標④**柔軟な勤務時間や時短勤務の制度など、現状では女性中心になっている職場の制度をジェンダー中立的なものにする。そして、（本書では非正規雇用の人々に十分言及できなかったが）少なくとも半年以上勤務している非正規雇用者もこの種の制度をなるべく利用できるようにする。

必要な賛同者：政府、財界団体、企業、男性と女性の働き手たち

期待できる短期的効果：男性も女性も、みずからが望むライフスタイルを設計するための選択肢が増える。

期待できる長期的効果：男性も女性もこれまでより多様な働き方を選べるようになり、仕事への満足度が高まる結果、生産性も向上する。

まとめると、二一世紀に「家族にやさしい」社会であるためには、職場と家庭で男女が平等な役割を担うことを促す社会規範と社会政策、そして、人々が家族の定義を広くとらえる

ことを可能にする社会規範と、働き手に夜遅くまで長時間労働を強いない職場の規範が不可欠だ。この結論は、社会科学の研究成果に基づくものだが、本書のために時間を割いて話を聞かせてくれた（そして多くの場合は約八年後に再び質問に答えてくれた）日本人男性と日本人女性の言葉から学んだことも正しく反映できていると願いたい。この本を書くよう私の背中を押したのは、日本の若い世代の男性たち、女性たちの言葉と、日本社会への私の愛だったのだから。

謝辞

本書の土台を成す研究をおこなう過程では、多くの人たちの協力があった。数々の協力に感謝している。

研究を進めるうえでは、ハーバード大学の学部学生や大学院生などのリサーチ・アシスタントたちの力を借りた。執筆時に学部学生だった石川智尋《ちひろ》、石川愛美《あみ》、アレクシス・クラインは、私が本書のテーマを検討するのを助け、さまざまなコメントを寄せた。ジョウ・ユン、クリスティン・パーキンス、オー・ウンシルなど、ハーバード大学社会学部の博士課程の学生たちは、アメリカの若い世代のインタビュー調査をおこない、シアナ・ブエノとヘリッサ・ラモットは、そのインタビュー調査のデータ分析に携わった。日本の若い世代の一度目のインタビュー調査を実施したのは、原裕子《ゆうこ》と吉川優子《よしかわゆうこ》だ。二人は、関東と関西の若い男女の聞き取りで素晴らしい仕事をした。二度目のインタビュー調査には、鎌田華乃子《かまたかのこ》と安原瑞《やすはらみず》佳《か》が大きな貢献をした。インタビューの約束を取りつけ、新型コロナ禍により対面で話を聞けなくなってからは、ビデオ会議システムでインタビューをおこなった。アメリカでの二度目のインタビュー調査では、ホリー・ハマーとゼーラ・イルドリムが同様の仕事を引き受けた。スウェーデンでは、リビア・オラーがストックホルムとウプサラでのインタビュー調査を取り仕切った。

この研究と、それを通じて考えたことを基に、日本の読者に向けて刺激的な本を執筆できるのではないかと私に勧めたのは、トーマス・イッテルソンだった。東京大学の加藤淳子《じゅんこ》と玄田有史《げんだゆうじ》、鎌田華乃子をはじめとする日本人研究者たちも執筆の背中を押してくれた。とくに、玄田有史にお礼を言いたい。本書のために中央公論新社の編集者である田中正敏を紹介し、以前、翻訳者の池村千秋と私を引き合わせたのは、玄田先生だった。田中さんの尽力により、本書は多くの面でよりよいものになった。池村さんには、前著『失われた場を探して——ロストジェネレーションの社会学』（NTT出版）に続き、私の英語の文章を日本語に転換する作業を信頼して任せることができた。

執筆の過程では、松浦玲七《れいな》が本書の図表の作成、日本人の回答者が語った言葉の解釈、日本語メディアの関連記事の検索に膨大な時間を費やし、推敲や修正を重ねるなかで何度も原稿に目を通して、田中さんと池村さんからの質問に回答するのも助けてくれた。原稿を完成させるために必要とされた細かい作業の数々に、深い感謝の言葉を述べたい。

二〇二一年秋から数カ月、ハーバード大学に滞在した二人の日本人には、とくにお礼を言わなくてはならない。関西大学の多賀《たが》太《ふとし》と厚生労働省の五百旗頭《いおきべ》千奈美《ちなみ》は、日本の家族と労働に関わる問題についてたびたび議論の相手になってくれた。五百旗頭さんとのやり取りは、日本に向けた政策提言を考えるうえでも大きな助けになった。心より感謝したい。

そしてなにより、私たちのインタビュー調査に協力し、仕事と家庭に関する思いを語り、日々の暮らしについて詳しく教えてくれた日本とアメリカとスウェーデンの若い世代にお礼を言いたい。本書がこの人たちの感じていること、そして充実した職業生活と家庭生活を送りたいという願いを反映できていることを願っている。

二〇二二年六月

メアリー・C・ブリントン

Ekberg, John, Rickard Eriksson, and Guido Friebel. 2013. "Parental Leave—A Policy Evaluation of the Swedish 'Daddy-Month' Reform." *Journal of Public Economics* 97: 131–43.

Haas, Linda, Karin Allard, and Philip Hwang. 2002. "The Impact of Organizational Culture on Men's Use of Parental Leave in Sweden." *Community, Work and Family* 5(3): 319–342.

Hoem, Jan M. 2005. "Why Does Sweden Have Such High Fertility?" *Demographic Research* 13: 559–72.

Plach, Samuel, Arnstein Aassve, Mary C. Brinton, and Letizia Mencarini. 2021. "The Gender of Gender Equality: Implications for Fertility." Working paper, Università Commerciale Luigi Bocconi.

第6章

Fuwa, Makiko. 2021. "Women Managers' Impact on Use of Family-Friendly Measures among Their Subordinates in Japanese Firms." *Work, Employment and Society* 35(4): 716–34.

Hoem, Britta and Jan M. Hoem. 1996. "Sweden's Family Policies and Roller-Coaster Fertility." *Journal of Population Problems* 52(3-4): 1–22.

Kubo, Katsuyuki. 2001. "Ranking Hierarchy and Rank Order Tournament." *Hitotsubashi Journal of Economics* 42(1): 51–63.

Ono, Hiroshi. 2018. "Why Do the Japanese Work Long Hours? Sociological Perspectives on Long Working Hours in Japan." *Japan Labor Issues* 2(5): 35-49.

Taga, Futoshi, Kimio Ito, Masako Ishii-Kuntz, Maho Nakayama, Fumiko Okamoto, Akihiro Ueda, Nami Yokogi, Kinue Muramoto, and Misa Nakahara. 2019. *Men's New Roles in a Gender Equal Society: Survey Results from Japan and East Asia*. Tokyo: Sasakawa Peace Foundation.

Takahashi, Mieko, Saori Kamano, Tomoko Matsuda, Setsuko Onode, and Kyoko Yoshizumi. 2013. "Worklife Balance in Japan: New Policies, Old Practices." Pp. 92–125 in *Worklife Balance: The Agency and Capabilities Gap*, edited by B. Hobson. Oxford: Oxford University Press.

上村泰裕（2021）「働くことの意味と保護――持続可能なディーセントワークの構想」『日本労働研究雑誌』736 (11): 77-86.

Myrskylä, Mikko, Hans-Peter Kohler, and Francesco C. Billari. 2009. "Advances in Development Reverse Fertility Declines." *Nature* 460(7256): 741–43.

Prime Minister's Office of Japan. 2016. "Measures for Waiting-List Children: We Will Continue to Work to Create an Environment Where Children Can Be Raised with Peace of Mind!" Last updated June 13, 2019 (http://www.kantei.go.jp/jp/headline/taikijido/index.html).

Rindfuss, Ronald R., Karen Benjamin Guzzo, and S. Philip Morgan. 2003. "The Changing Institutional Context of Low Fertility." *Population Research and Policy Review* 22(5/6): 411–38.

Takami, Tomohiro. 2018. "Gender Segregation at Work in Japanese Companies: Focusing on Gender Disparities in Desire for Promotion." *Japan Labor Issues* 2, 11: 7–12.

Takami, Tomohiro. 2018. "Challenges for Workplace Regarding the Autonomy of Working Hours." *Japan Labor Issues* 2(5): 50-63.

Yamaguchi, Kazuo. 2019. *Gender Inequalities in the Japanese Workplace and Employment: Theories and Empirical Evidence*. Advances in Japanese Business and Economics, Vol. 22. Singapore: Springer.

Zhou, Yanfei. 2015. "Career Interruption of Japanese Women: Why Is It So Hard to Balance Work and Childcare?" *Japan Labor Review* 12(2): 106-123.

濱口桂一郎（2011）『日本の雇用と労働法』日経文庫

八代尚宏（1998）『人事部はもういらない』講談社

八代尚宏（2015）『日本的雇用慣行を打ち破れ——働き方改革の進め方』日本経済新聞出版社

第５章

Andersson, Gunnar. 2000. "The Impact of Labour-Force Participation on Childbearing Behaviour: Pro-Cyclical Fertility in Sweden during the 1980s and the 1990s." *European Journal of Population* 16(4): 293–333.

Andersson, Gunnar. 2008. "A Review of Policies and Practices Related to the 'Highest-Low' Fertility of Sweden." *Vienna Yearbook of Population Research* 6: 89–102.

Dahl, Gordon B., Katrine V. Løken, and Magne Mogstad. 2014. "Peer Effects in Program Participation." *American Economic Review* 104(7): 2049–74.

Duvander, Ann-Zofie, and Mats Johansson. 2012. "What are the Effects of Reforms Promoting Fathers' Parental Leave Use?" *Journal of European Social Policy* 22(3): 319–330.

Ishizuka, Patrick. 2018. "Social Class, Gender, and Contemporary Parenting Standards in the United States: Evidence from a National Survey Experiment." *Social Forces* 98(1): 31–58.

Kan, Man-Yee and Ekaterina Hertog. 2017. "Domestic Division of Labour and Fertility Preference in China, Japan, South Korea, and Taiwan." *Demographic Research* 36: 557–88.

Kato, Tsuguhiko, Hiraku Kumamaru, and Setsuya Fukuda. 2018. "Men's Participation in Childcare and Housework and Parity Progression: A Japanese Population-Based Study." *Asian Population Studies* 14(3): 290–309.

Lappegård, Trude and Tom Kornstad. 2019. "Social Norms about Father Involvement and Women's Fertility." *Social Forces* 99(1): 398–423.

Oláh, Livia Sz. 2003. "Gendering Fertility: Second Births in Sweden and Hungary." *Population Research and Policy Review* 22(2): 171–200.

Sayer, Liana, Suzanne Bianchi, and John P. Robinson. 2004. "Are Parents Investing Less in Children? Trends in Mothers' and Fathers' Time with Children." *American Journal of Sociology* 110(1): 1-43.

Sullivan, Oriel, Francesco C. Billari, and Evrim Altintas. 2014. "Fathers' Changing Contributions to Child Care and Domestic Work in Very Low-Fertility Countries: The Effect of Education." *Journal of Family Issues* 35(8): 1048–65.

Tsuya, Noriko O., Larry L. Bumpass, Minja Kim Choe, and Ronald R. Rindfuss. 2012. "Employment and Household Tasks of Japanese Couples, 1994-2009." *Demographic Research* 27: 705–18.

第４章

Brinton, Mary C. and Eunmi Mun. 2016. "Between State and Family: Managers' Implementation and Evaluation of Parental Leave Policies in Japan." *Socio-Economic Review* 14(2): 257–81.

Hirano, Mitsutoshi. 2013. "Human Resources Departments of Japanese Corporations: Have Their Roles Changed?" *Japan Labor Review* 10(1): 81-103.

Kato, Takao, Daiji Kawaguchi, and Hideo Owan. 2013. "Dynamics of the Gender Gap in the Workplace: An Econometric Case Study of a Large Japanese Firm." RIETI Discussion Paper.

Matsubara, Mitsuyo. 2013. "The Impact of Prolonged Application of Short-Time Work Systems on the Careers of Regular Employees" *Japan Labor Review* 10(3): 19-39.

第３章

Aassve, Arnstein, Giulia Fuochi, Letizia Mencarini, and Daria Mendola. 2015. "What Is Your Couple Type? Gender Ideology, Housework Sharing, and Babies." *Demographic Research* 32: 835–58.

Almqvist, Anna-Lena. 2008. "Why Most Swedish Fathers and Few French Fathers Use Paid Parental Leave: An Exploratory Qualitative Study of Parents." *Fathering: A Journal of Theory, Research, and Practice about Men as Fathers* 6(2): 192–200.

Altintas, Evrim and Oriel Sullivan. 2016. "Fifty Years of Change Updated: Cross-National Gender Convergence in Housework." *Demographic Research* 35: 455–70.

Brinton, Mary C. and Nobuko Nagase. 2017. "The Gender Division of Labor and Second Births: Labor Market Institutions and Fertility in Japan." *Demographic Research* 36: 339–70.

Brinton, Mary C. and Eunsil Oh. 2019. "Babies, Work, or Both? Highly Educated Women's Employment and Fertility in East Asia." *American Journal of Sociology* 125(1): 105–40.

Cooke, Lynn Prince. 2004. "The Gendered Division of Labor and Family Outcomes in Germany." *Journal of Marriage and Family* 66(5): 1246–59.

Cooke, Lynn Prince. 2009. "Gender Equity and Fertility in Italy and Spain." *Journal of Social Policy* 38(1): 123–40.

de Laat, Joost and Almudena Sevilla-Sanz. 2011. "The Fertility and Women's Labor Force Participation Puzzle in OECD Countries: The Role of Men's Home Production." *Feminist Economics* 17(2): 87–119.

Duvander, Ann-Zofie et al. 2019. "Parental Leave Policies and Continued Childbearing in Iceland, Norway, and Sweden." *Demographic Research* 40: 1501–28.

Duvander, Ann-Zofie, Trude Lappegård, and Mats Johansson. 2020. "Impact of a Reform towards Shared Parental Leave on Continued Fertility in Norway and Sweden." *Population Research and Policy Review* 39(6): 1205–29.

Feyrer, James, Bruce Sacerdote, and Ariel Dora Stern. 2008. "Will the Stork Return to Europe and Japan? Understanding Fertility within Developed Nations." *Journal of Economic Perspectives* 22(3): 3–22.

Guryan, Jonathan, Erik Hurst, and Melissa Kearney. 2008. "Parental Education and Parental Time with Children." *Journal of Economic Perspectives* 22(3): 23–46.

参考文献

序　章

Mencarini, Letizia, Daniele Vignoli, Tugba Zeydanli, and Jungho Kim. 2018. "Life Satisfaction Favors Reproduction. The Universal Positive Effect of Life Satisfaction on Childbearing in Contemporary Low Fertility Countries." *PLOS ONE* 13(12): 1–19.

Ogawa, Naohiro. 2003. "Japan's Changing Fertility Mechanisms and Its Policy Responses." *Journal of Population Research* 20(1): 89–106.

第１章

Fujita, Mariko. 1989. " 'It's All Mother's Fault': Childcare and the Socialization of Working Mothers in Japan." *Journal of Japanese Studies* 15(1): 67–91.

Schoppa, Leonard J. 2020. "The Policy Response to Declining Fertility Rates in Japan: Relying on Logic and Hope over Evidence." *Social Science Japan Journal* 23(1): 3–21.

Sobotka, Tomáš and Éva Beaujouan. 2014. "Two Is Best? The Persistence of a Two-Child Family Ideal in Europe." *Population and Development Review* 40(3): 391–419.

第２章

Fukuda, Setsuya. 2017. "Gender Role Division and Transition to the Second Birth in Japan." Working Paper Series (E) No.28, National Institute of Population and Social Security, September, Tokyo, Japan.

Miyajima, Takeru and Hiroyuki Yamaguchi. 2017. "I Want to But I Won't: Pluralistic Ignorance Inhibits Intentions to Take Paternity Leave in Japan." *Frontiers in Psychology* 8(1508): 1–12.

Prentice, Deborah A. and Dale T. Miller. 1996. "Pluralistic Ignorance and the Perpetuation of Social Norms by Unwitting Actors." *Advances in Experimental Social Psychology* 28: 161–209.

UNICEF. 2019. *Are the World's Richest Countries Family Friendly? Policy in the OECD and EU* (Family-Friendly Policies Report). Florence, Italy: United Nations Children's Fund.

Willer, Robb. 2009. "Groups Reward Individual Sacrifice: The Status Solution to the Collective Action Problem." *American Sociological Review* 74(1): 23–43.

メアリー・C・ブリントン（Mary C. Brinton）

ライシャワー日本研究所社会学教授．スタンフォード大学で社会言語学を学び学士を取得後，ワシントン大学にて修士号（日本学，社会学），博士号（社会学）を取得．シカゴ大学，コーネル大学を経て，2003年よりハーバード大学教授．18年から23年までライシャワー日本研究所所長．主な研究テーマは，ジェンダーの不平等，労働市場，教育，日本社会など．

著書『失われた場を探して』（NTT出版，2008年）
『リスクに背を向ける日本人』（共著，講談社現代新書，2010年）
など

池村千秋（いけむら・ちあき）

翻訳者．『LIFE SHIFT（ライフ・シフト）』（リンダ・グラットン，アンドリュー・スコット，東洋経済新報社，2016年）などビジネス・経済書を中心に翻訳を数多く手がける．

縛《しば》られる日本人《にほんじん》
中公新書 *2715*

2022年9月25日初版
2024年5月30日再版

著　者　M・C・ブリントン
発行者　安部順一

本文印刷　暁印刷
カバー印刷　大熊整美堂
製　　本　小泉製本

発行所　中央公論新社
〒100-8152
東京都千代田区大手町1-7-1
電話　販売 03-5299-1730
　　　編集 03-5299-1830
URL https://www.chuko.co.jp/

定価はカバーに表示してあります．
落丁本・乱丁本はお手数ですが小社販売部宛にお送りください．送料小社負担にてお取り替えいたします．

Published by CHUOKORON-SHINSHA, INC.
Printed in Japan　ISBN978-4-12-102715-3 C1236

社会・生活